こんなときどうする？

生徒指導

いじめ・
暴力行為・自殺

編集代表
梅澤秀監

編著
出張吉訓

学事出版

編著者代表のことば

　生徒指導をめぐる最近10年間の状況は、例えば2013（平成25）年に「いじめ防止対策推進法」が制定され、学習指導要領は2017（平成29）年に小・中学校、2018（平成30）年に高等学校が改訂されました。2021（令和3）年には中央教育審議会の「『令和の日本型教育』の構築を目指して（答申）」が出されました。2022（令和4）年4月に「改正少年法」が、6月に「こども基本法」「こども家庭庁設置法」が成立しました。12月に改訂版『生徒指導提要』が公表され、生徒「支援」という立場が明確になりました。このように、生徒指導に関わる制度や法律が大きく変更された、激動の10年でした。

　学校を取り巻く環境では GIGA スクール構想に伴い、児童生徒一人ひとりが端末を所有するようになりました。このことは、コロナ禍の影響を受けて推進が進み、ICT 教育の必要性が益々高まりました。また、チャット GPT の出現は、教育の世界にも大きな影響を与えました。

　こうした状況の中で、学校現場で日々生徒指導に取り組み、苦労されている先生方に、最新の情報や考えるヒントをお伝えして、生徒指導に役立てていただきたいと思い【事例】【指導の振り返り】【課題解決に導く基礎知識】という構成からなる、5分冊の書籍を制作しました。

　本書で紹介した事例は、各学校で起こる可能性のあるものを選び、その指導過程にスポットを当てて、詳しい解説を付けました。成功事例だけでなく、指導課題が残る事例もありますが、解説を読んで参考にしていただければ幸いです。なお、各巻は各編著者の責任で編まれたため、構成が各巻ごとに若干異なりますことをご了承ください。

　本書の刊行にあたり、事例を提供してくださった先生方、各巻の編著者の先生方、編集・校正を担当してくださった皆様に改めてお礼申し上げます。ありがとうございました。

編著者代表　梅澤秀監

はじめに

　本書では、小学校、中学校、高等学校等で児童生徒の教育に携わる先生方を主な対象として、生徒指導上の課題である「いじめ」「暴力行為」「自殺」の３点について事例を取り上げ、その具体的な指導を振り返り、課題を解決に導くための基礎知識を掲載した。

　「いじめ」では、平成25年に施行された「いじめ防止対策推進法」の定義に基づき、いじめの具体的な取組である「未然防止」「早期発見」「早期対応」「重大事態への対処」の観点から４事例を示した。「暴力行為」では、暴力の対象により「対教師暴力」「生徒間暴力」「対人暴力」、学校の施設・設備等の「器物破損」の観点から３事例を示した。「自殺」では、自殺の危機の高い児童生徒への直接的な支援としての「危機介入」と児童生徒を対象とした「自殺予防教育」の観点から３事例を示した。

　これらの生徒指導上の課題は、児童生徒の生命・身体や教育を受ける権利を脅かす事案と言える。学校現場では、校内の情報共有と専門家との連携などにより、子供のSOSを見過ごすことがないようにする必要がある。そのためには、校長先生のリーダーシップの下、「チーム学校」で一人ひとりの教職員がそれぞれの立場や役割を認識しつつ、情報を共有し、未然防止と問題解決を図っていくことが大切である。その際の礎として是非本書の事例を参考にされ、問題解決の糸口にしていただければ幸いである。

　おわりに、本書の企画に賛同いただき事例提供いただいた先生方に心から感謝申し上げる。

編著者　出張吉訓

こんなときどうする？生徒指導
いじめ・暴力行為・自殺

目 次

Chapter 2　暴力行為　　55

Case5 ……………………………………………………………… 56

生徒間暴力（高校生）

Chapter 1

. . . .

いじめ

Case1

役割分担で早期に解決
（中学生）

• • • • • • • • • • • • • • • •

〈事例〉

1　概要

（1）生徒の変化に気付いた担任

　中学2年のA男は、1日も欠席することなく、持ち前の明るさと行動力で、学級委員として活躍するなど、何事にも積極的に取り組んでいました。そんなA男が、夏休みが明けて2週間の間に3回も腹痛や気分の悪さを訴え、保健室に行きました。

　養護教諭から報告を受けた教職経験6年目になる学級担任のS先生は、他の生徒に気付かれないようにして、休み時間に相談室でA男から話を聞いてみました。

　S先生が「何か心配なことがあるのかな」と尋ねると、A男は話しづらそうに「誰にも言わないでください。最近、B男たちと、うまくいっていない気がするんです」と答えました。そこでS先生が「どうしてそう思うの？」と聞くと、A男は「何となく」とだけ答えました。

　その後、S先生は、A男の様子をさりげなく観察していましたが、授業では以前と同じように積極的に発言するなど、1学期と変わった様子は感じられませんでした。そこでS先生は、引き続き、A男の様子を丁寧に観察していくことにしました。

（2）SNSへの書き込み発見

　1週間ほどたったある日の放課後、Ｓ先生は、教室で一人暗い表情をして沈み込んでいるＡ男に気付き、もう一度、Ａ男を呼びました。

　Ｓ先生は「やはり、Ｂ男たちと何かあったのかな」と尋ねると、Ａ男は力ない声で話し始めました。「昨日、Ｂ男たちから、SNSに『調子に乗るなよ』などと書き込まれたんです」と言って、携帯電話の書き込みを見せてくれました。携帯電話の画面には次のように書かれていました。

　Ａ男は、Ｓ先生に「父や母には言わないでください」と切実な様子で訴えました。

　Ｓ先生はしばらく考えたのち、意を決したように、Ａ男に向かい、「辛いことを、よく話してくれたね。両親に心配かけたくない気持ちも分かるよ。でも、安心して。先生たち皆で、あなたを必ず守るから」と伝えました。

　SNSの画面を写真に撮らせてもらったＳ先生は、Ａ男を下駄箱まで送り、「また何か書かれたら、すぐに教えてね」とやさしく伝えました。Ａ男は何も

答えず、不安な表情を浮かべたまま、下校していきました。

2　指導の実際

（1）学級担任が上司へ報告

　A男の下校を見送ったS先生は、すぐに学年主任にA男から聞いた話を報告しました。

　話を聞いた学年主任は、直ちに生徒指導主事にこのことを伝えました。学年主任から生徒指導主事へ、生徒指導主事から副校長へ、そして副校長から校長へと、情報は短時間で伝わっていきました。その日の放課後には、校長は「学校いじめ対策委員会」を招集しました。

（2）「学校いじめ対策委員会」での協議

　「学校いじめ対策委員会」は、S先生による事実の報告から始まりました。S先生は概要を報告するとともに、「A男は、保護者を含め、『誰にも言わないで』と訴えています」とA男の心情を伝えました。

　生徒指導主事は「S先生は、学校のいじめ防止基本方針のとおり、『必ず守るから、安心して』と伝えたのですね。私たち皆で、必ず解決させましょう」と力強く話しました。

　また、副校長は「今日のS先生の対応は、適切だったと思います。A男が『最近、B男たちと、うまくいっていない気がする』と話した先週の時点で報告していれば、より万全でしたね」と指摘しました。

　続けて、校長は「『誰にも言わないで』というA男の気持ちは、十分尊重しなければなりませんが、保護者には連絡する必要があります。S先生、A男が『両親にも伝えないでほしい』と願っていることを伝え、保護者にはA男に気付かれないよう、さりげなく見守っていただくようお願いしてください。そして、毎日、学校や家での様子を共有してください」と話しました。

養護教諭からは「Ｂ男たち３人は、時々保健室におしゃべりに来ますから、私からＡ男との関係を聞いてみます。Ｂ男も言いたいことがあるのではないでしょうか」と指摘しました。

　生徒指導主事は「その時に、なるべく自分たちからSNSのことを正直に話してくれるといいですね」と応じました。

　これらの先生方のやり取りを聞いていたスクールカウンセラーは「私は、週１回の勤務日に、しばらく毎回、Ａ男と面談し気持ちを支えていきましょう」と話しました。

（３）対応経過の確認

　翌日の放課後、再び「学校いじめ対策委員会」のメンバーが集まり、対応状況や指導経過を確認しました。

　まず、養護教諭が「Ｂ男たち３人は、自分からSNSでＡ男に嫌がらせをしたことを話しました。Ａ男が学級の仕事を一人でやってしまい、『僕たちもやるよ』と言ってもさせてもらえず、不満がたまっているようです」と報告がありました。

　学年主任が「本当は、仲良くしたいのかも知れませんね」と話すのを聞いたＳ先生は「私もＢ男たちから話を聞いてみたいと思います」と言いました。

　校長は「今週中に、全クラスで、SNSを通して行われるいじめについて、生徒に考えさせる授業を実施してください」と指示を出しました。

（４）解決の兆し

　翌週、Ｓ先生と学年主任のもとにＡ男とＢ男たち３人が集まり、話し合いが始まりました。

　最初にＢ男が目に涙を浮かべながら、ぽつりと「僕が悪かったんだ」とつぶやきました。

指導の振り返り

① 子供の変化を見逃さない

　普段は、明るく積極的なＡ男が、夏休み明けの短期間に３回も保健室に行くという「変化」に気付いたＳ先生は、すぐに声をかけ、引き続き様子を観察するなど、Ａ男に寄り添おうとしています。

　このように子供の表情や言動を丁寧に観察することは、いじめ防止に欠かせない視点です。

② いじめを伝えた子供を守り通す

　Ｓ先生は、Ａ男から、SNS上で誹謗中傷を受けていると聞いたとき、迷うことなく「先生たち皆で、あなたを必ず守るから、安心して」と伝えています。

　Ｓ先生が、日頃からの学級経営で安心して悩みを訴えられる環境づくりに取り組み、生徒から話を聞き、いじめの訴えに対して力強い言葉で安心させています。また、全ての学校で策定されている「学校いじめ防止基本方針」に基づき、Ｓ先生をはじめ全教職員が対応方針を共有していることなどがいじめ解決のための大切なポイントになります。

③ 担任一人で抱え込まず報告する

　Ｓ先生は、Ａ男からSNSの件を聞いた後、すぐに学年主任に報告しました。Ａ男には「誰にも言わないで」と頼まれていましたが、Ｓ先生一人で抱え込んで対応することはしませんでした。

そうした正しい判断の結果、その日のうちに、事実が校長まで伝わり、「学校いじめ対策委員会」の招集につながりました。このように教員一人で対応するのではなく、学校全体で組織的に対応していくことが大切なポイントになります。

❹ 「学校いじめ対策委員会」での対応

　いじめ防止対策推進法第22条に基づき、全ての学校に設置が義務付けられている「いじめ防止対策組織」は、個々の事例の報告を受け、解決に向けた具体的な取組を協議する中核となる組織です。この組織で対応方針を協議することは、学校が一丸となっていじめ問題に対峙するという姿勢にほかならず、学級担任の負担軽減にもつながります。

　それぞれの子供が、最も心を開きやすい大人は誰かという視点から、いじめ問題への対応の在り方を検討することも大切なポイントとなります。

課題解決に導く基礎知識

1 いじめとは

　本事例では、中学校で起こった「いじめ」を早期に発見し、教職員が役割分担をして解決していった内容です。「いじめ」とは、どのような行為なのでしょうか。

　「いじめ」は、いじめられた児童生徒の教育を受ける権利を著しく侵害し、心身の健全な成長及び人格の形成に重大な影響を与えるだけでなく、その生命又は身体に重大な危険を生じさせる恐れのあるものです。そして、この「いじめ」はどの子供にも起りうることを教職員は認識し対処していくことが重要となります。

　「いじめ」は、ふざけや遊びを装って行われたり、インターネット上など、大人の目に付きにくい方法でも行われたりします。

　本事例のように、いじめられた子供自身も「心配されたくない」「仕返しが怖い」という気持ちから、いじめを否定する心理が働く場合もあります。このため、保護者や教職員などの大人が気付きにくく、気付いた時には危機的な状況になっていることがあります。

　こうした事情を踏まえ、教職員は子供の日常の中での言動やささいな変化などを見逃がさずに、「ひょっとしたら『いじめ』ではないか」ととらえ、積極的に認知し、対処していく姿勢が大切です。

2 いじめの定義

　いじめの定義は、重大ないじめ事件が起こるたびに変更されてきました。平成23（2011）年に、当時2年の中学男子生徒がいじめを苦に自殺する事件が起こりました。そして、学校と教育委員会の隠蔽体質が指摘され、大きな社会問題となりました。このいじめ事件をきっかけに平成

25（2013）年に「いじめ防止対策推進法」が成立しました。

この「いじめ防止対策推進法」では、いじめの定義を次のように定めています。

> いじめ防止対策推進法　第2条（定義）
> 　この法律において「いじめ」とは、児童等に対して、当該児童等が在籍する学校に在籍している等当該児童等と一定の人的関係にある他の児童等が行う心理的又は物理的な影響を与える行為（インターネットを通じて行われるものを含む。）であって、当該行為の対象となった児童等が心身の苦痛を感じているものをいう。

3　いじめ防止のための基本的な方針

それでは、この「いじめの定義」について、「いじめの防止等のための基本的な方針」（改定版）で具体的に見ていきましょう。

「いじめ」に当たるか否かの判断は、表面的・形式的に行うことなく、いじめられた子供の立場に立って行うことが重要となります。

しかし、当該の子供はいじめられていても、そのことを否定する場合が多々あります。このため、「心身の苦痛を感じているもの」に限定せずに学校は対応していくことが大切となります。

本事例のように教職員が当該の子供の表情や様子をきめ細かく観察するなどして確認するとともに、周辺の子供等からも確認することが大切です。また、学級担任等の特定の教職員だけでなく、「学校いじめ対策組織」を活用していくことが重要となります。

4　一定の人的関係

次に「一定の人的関係」とはどのような関係でしょうか？

この「一定の人的関係」とは、学校の内外を問わず、同じ学校、学級や部活動での児童生徒、塾やスポーツクラブ等で当該児童生徒が関わっている仲間や集団など、当該児童生徒と何らかの人的関係を指します。

　このように「いじめ」は学校内だけで起こるとは限らないことを念頭に対応していくことが大切です。

5　物理的な影響

　次に「物理的な影響」とは、具体的にどのようなことでしょうか？

　「物理的な影響」には、身体的な影響の他に「金品をたかられる」「隠される」「嫌なことを無理矢理させられる」などを意味します。

　子供同士のけんかやふざけ合いでも、教職員の見えない所で被害が発生している場合があります。教職員は背景にある事情の調査を行い、子供の感じる被害性に着目し、いじめか否かの判断をする必要があります。

　また、最近では当該の子供が知らないまま、インターネット上で誹謗中傷などを書き込まれることがあり、本人が心身の苦痛を感じていない場合があります。学校は、速やかに行為を行った子供に対して適切な指導を行うことが大切です。

　一方、いじめと判断した場合でも、すべてが厳しい指導を必要とするとは限りません。例えば、好意などから行った行為が当該の子供に心身の苦痛を感じさせてしまうこともあります。加害の子供が気付き、当該の子供にすぐに謝罪して、良好な関係を再び築くこともあります。このような場合、学校は「学校いじめ対策組織」で情報共有しながら、「いじめ」という言葉を使わず柔軟に対応していく必要があります。

6　具体的ないじめの態様

　「具体的ないじめの態様」には、以下のようなものがあります。

① 冷やかしやからかい、悪口や脅し文句、嫌なことを言われる。
② 仲間はずれ、集団による無視をされる。
③ 軽くぶつかられたり、遊ぶふりをして叩かれたり、蹴られたりする。
④ ひどくぶつかられたり、叩かれたり、蹴られたりする。
⑤ 金品をたかられる。
⑥ 金品を隠されたり、盗まれたり、壊されたり、捨てられたりする。
⑦ 嫌なことや恥ずかしいこと、危険なことをされたり、させられたりする。
⑧ パソコンや携帯電話等で、誹謗中傷や嫌なことをされる。　等

　これらの「いじめ」の中には、犯罪行為として取り扱われるべき内容もあります。その際には、早期に警察に相談する必要があります。また、子供の生命、身体又は財産に重大な被害が生じるような内容は、直ちに警察に通報することが大切です。

　学校は、学校だけで抱えることなく、早期に警察に相談・通報することも重要なポイントです。その際に忘れてはいけないことは、教育的な配慮や被害者の意向に配慮していくことと、警察任せにしないで警察と連携して対応することが大切となります。

Case2

子供の様子の変化に気付く
（小学生）

● ● ● ● ● ● ● ● ● ● ● ● ● ● ● ● ● ●

〈事例〉

1　概要

（1）児童同士の「じゃれ合い」を目撃

　T先生は、新規採用1年目の小学校3年生の学級担任です。

　6月中旬の金曜日のある日、T先生は、午後に予定されている若手教員育成研修会に参加するため、急いで更衣室に向かいました。その途中、階段の踊り場で、プロレスごっこをしている6年生5人組の横を通り過ぎようとしました。

　A男が「痛ててて……」と叫びながら、他の児童からプロレス技をかけられています。

　T先生は、これまで5人の児童と話したことはなく、A男を含め、誰の名前も知りませんでした。しかし、このまま通り過ぎるわけにはいかないと思い、5人に向かって「どうしたの」と尋ねました。

　これに対して、A男が「あ……大丈夫です」笑いながら答えました。T先生はA男の様子が気になりますが、5人で仲良く遊んでいるようにも見えます。

　T先生は、「6年生ってこんなものなのかも……。研修に遅れるわけにはいかない」と思い、「けがしないように気を付けてね」と、5人に注意したのち、更衣室で着替えをして、急いで研修会場に向かいました。

（2）どんな小さなことでもすぐに報告

　T先生は、研修会場に向かう途中も、A男の様子が気になっていました。確かに、A男は笑いながら「大丈夫」と言っていたけれど……。

　その時、ふと校長先生の言葉を思い出しました。

　「子供の様子で気になることを見聞きしたら、どんな小さなことでも、すぐに『学校いじめ対策委員会』に伝えてください。いじめかどうかの判断は、個人で行うものではありません」という言葉でした。

　こうしたことから、T先生は「やはり、念のため連絡しておこう」と思い、研修会場に向かう路上で立ち止まり、携帯電話を使って、先ほど目にした6年生の様子を副校長に伝えました。

　副校長は「よく伝えてくれました。A男は、心では辛いと思っているかもしれません。そうであれば、いじめを受けていることになります。早速、昼休みに『学校いじめ対策委員会』のメンバーを集め、私から伝えておきます。T先生は、学校のいじめ対応の基本方針を、しっかり理解していますね。ありがとうございました」と感謝の言葉を告げました。

2 指導の実際

（1）「学校いじめ対策委員会」による情報収集

　その日の昼休みに、「学校いじめ対策委員会」が開かれ、6年3組の児童5人が、休み時間などに廊下や階段の踊り場で、日常的にプロレスごっこをしていることが確認されました。

　そこで、教職員が分担して情報を収集することになりました。

◆養護教諭
　　Ａ男と面談し、辛いと感じていることはないかなどを確認する。
◆生徒指導主事
　　年3回実施している「いじめアンケート」の6年生分を再確認する。
◆学級担任Ｓ先生
　　当面は毎日、Ａ男の保護者に電話をし、学校での様子を伝え、家での様子を聴き取る。
◆学年主任
　　プロレスごっこをしていたＡ男以外の4人に、「けがをすることが心配である」と伝える。
◆スクールカウンセラー
　　Ａ男と同じ学級の児童に、学級全体の様子等を聴き取る。

（2）情報に基づいたいじめの認知

　2日後、それぞれの教職員が確認した情報を持ち寄って、再度、「学校いじめ対策委員会」が開催されました。

◆養護教諭
　　「Ａ男は、『辛いことはない』としか言いませんでした」

◆生徒指導主事
　「アンケートには、いじめを疑わせる記述は見られませんでした」
◆学級担任Ｓ先生
　「Ａ男の保護者は、『最近、子供の元気がなく、Ｂ男やＣ男とは遊びたくないと言っています』と話してくれました」
◆学年主任
　「Ｂ男もＣ男も、『遊びだから大丈夫』と言っています」
◆スクールカウンセラー
　「同じクラスの子供たちの話では、Ａ男は、いつも一方的に２人に技をかけられているようです」

　「学校いじめ対策委員会」では、Ａ男の保護者の話や同じ学級の子供たちからの情報を勘案すると、Ａ男が苦痛を感じている可能性が極めて高いことが分かりました。これらのことから、Ａ男が、Ｂ男とＣ男から受けている行為は、いじめと認定すべきであるとの結論に至りました。そして、いじめの解消に向け、どのように対応していくのかなどについて協議が行われました。

（3）他の児童からの聴き取り

　翌日の休み時間、学級担任のＳ先生は、昨日の「学校いじめ対策委員会」で確認された対応方針を踏まえ、５人の児童の様子を遠巻きに観察することにしました。その結果、明らかにＡ男だけが、Ｂ男とＣ男からプロレス技をかけられ続けている様子が見られました。

　Ｓ先生は、Ａ男、Ｂ男、Ｃ男以外の２人を呼んで、「なぜ、いつもＡ男だけが、Ｂ男やＣ男に技をかけられているの」と問いかけてみました。そうすると２人は顔を見合わせながら、「自分たちが先生にチクったことが、Ｂ男やＣ男にばれるとやばいから……」と言い、それ以上は話そうとしませんでした。Ｓ先生は「大丈夫。安心して。君たちから聞いた

とは絶対に言わないから」と諭すと、ようやく2人の表情が緩み、「B男とC男は、A男が体育が苦手なことを馬鹿にし、『俺たちが、お前を強くしてやる』と言って、プロレス技を仕掛けているんだ」「もともと、A男と仲良かったはずのB男とC男が、2人が入っているサッカーチームのコーチに繰り返し怒られるようになってから、2人の性格が悪くなったように思う」などと話してくれました。

（4）問題解決に向けた対応

　この本事案に関する3回目の「学校いじめ対策委員会」が開かれ、次のような今後の対応策が決まりました。

① 　学年主任が、B男とC男に「A男に対して一方的にプロレス技をかけることはいじめに当たる」と伝え、行為をやめさせる指導を行うこと

② 　スクールカウンセラーが、B男とC男とそれぞれ面談し、抱える悩みについて相談に応じること

③ 　養護教諭が、A男に「B男とC男からされている行為は、いじめであり、今後嫌なことをされたら、すぐに教えてほしい」と伝えること

④ 　学級担任が、A男に「先生たちが皆で、あなたをいじめから守り抜くから、安心して」と伝えること

　　学級担任が、A男、B男、C男のそれぞれの保護者に、明らかになった事実を報告し、解決に向けた協力を依頼すること

指導の振り返り

①　気になる子供の様子について情報共有を欠かさない

　気になる子供の様子が見られたら、自分の担当ではない学年の子供のことであっても学校全体で情報を共有することが不可欠です。

　T先生は、研修会場に向かう途中でしたが、副校長に連絡を入れました。「明日、報告すればよい」と先延ばしにしていません。このT先生の行動が、いじめの早期発見につながりました。

②　複数の情報を組み合わせ、いじめ発見につなげる

　「学校いじめ対策委員会」での協議を踏まえ、複数の教職員による様々なアプローチにより、いじめに該当するか否かを確認していくことが大切です。

　本事例では、行為を受けている子供とその保護者、行為を行っている子供、周囲の子供からの聴き取りに加え、学校として定期的に実施している「いじめアンケート」の確認などの様々な方法で情報を収集したことから、いじめの実態が明らかになってきました。

③　周りの子供に見て見ぬふりをさせない

　誰かがいじめを受けている事実を先生等に伝えることで、自分もいじめの対象になってしまうことを恐れ、子供は正直に伝えることをためらいがちです。教職員は、そうした子供の気持ちをおもんぱかった上で、いじめを見て見ぬふりをすることもいけないことであることを理解させ

る必要があります。

　本事例で、学級担任のＳ先生は「大丈夫。安心して。君たちから聞いたとは絶対に言わないから」と伝えることで、周りの子供たちから事実を聞き出すことに成功しています。その前提は、児童に信頼される教職員であることです。そのことこそ、いじめ問題の解決にとってとても重要なことです。

課題解決に導く基礎知識

1 いじめの実態

　文部科学省では、毎年、「児童生徒の問題行動・不登校等生徒指導上の諸課題に関する調査」を実施しています。

　令和4年度の調査結果によれば、全国の小・中・高等学校及び特別支援学校におけるいじめの認知件数は681,948件（前年度615,351件）で、前年度に比べ66,597件（10.8％）増加しました。図1のように、令和2年度は全校種で大幅な減少となりましたが、令和3年度は新型コロナウイルス感染症前の令和元年度並みとなり、令和4年度ではさらに増加し過去最高となっています。

　これらの背景としては、令和4年度は新型コロナウイルス感染症の影響が続き、感染を予防しながらの生活となりましたが、部活動や学校行事などの様々な活動が徐々に再開されたことにより、児童生徒の接触機会が増加したことが考えられます。また、学校や教職員が「いじめ防止対策推進法」における「いじめの定義」やいじめを積極的に認知していくことへの理解が広がったことなどが考えられます。

　一方、年度末時点でのいじめの解消状況については、525,773件（77.1％）となっており、早期発見・早期対応ができた件数も多くなりましたが、比率は低下しています。これは安易にいじめを解消したとし

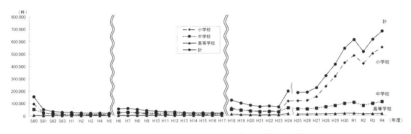

図1　いじめの認知（発生）件数の推移

出典：「令和4年度　児童生徒の問題行動・不登校等生徒指導上の諸課題に関する調査結果」文部科学省より

ないで、丁寧な対応を行っている一方で SNS 等のネット上のいじめなど、見えにくいケースが増加したことなどが考えられます。

このように、いじめを積極的に認知することは、いじめの早期対応につながり、重大事態に至る前に未然に防止する上でも重要と言えます。

全教職員が「いじめ防止対策推進法」の趣旨を理解し、この法に基づき、「いじめ」として取り上げるべきものは適切に取り上げていくことが重要となります。

2 いじめ防止の組織を立ち上げる

「いじめ防止対策推進法」では、学校はいじめに関する問題を特定の教職員で抱え込まずに組織的に対応するため、本事例の「学校いじめ対策委員会」などの校内組織を設置することが義務付けられています。

> いじめ防止対策推進法第22条
> 　学校は、当該学校におけるいじめの防止等に関する措置を実効的に行うため、当該学校の複数の教職員、心理、福祉等に関する専門的な知識を有する者その他の関係者により構成されるいじめの防止等の対策のための組織を置くものとする。

組織の構成メンバーは、校長、副校長や教頭、主幹教諭、生徒指導主事、教務主任、学年主任、養護教諭、教育相談コーディネーター、特別支援教育コーディネーターなど、学校の規模や実態に応じて決定します。

また、心理や福祉の専門家であるスクールカウンセラーやスクールソーシャルワーカー、弁護士、医師、警察官経験者などの外部専門家を加えることで、より実効的な問題の解決に資することが期待されます。

さらに「学校いじめ防止基本方針」に基づく取組の実施や具体的な年間計画（学校いじめ防止プログラム等）の作成や実施に当たっては、保護者や児童生徒の代表、地域住民などの参加も考えられます。

「学校いじめ対策委員会」などの組織の主な役割については、表1を参考にしましょう。

表1 「学校いじめ対策組織」の主な役割等

	項 目	具 体 例	留意事項
1	委員の構成	＜例1＞ 校長、副校長、教務主任、生活指導主任、進路指導主任、学年主任、養護教諭、スクールカウンセラー、学校医等で構成する。 ＜例2＞ 生活指導連絡会、特別支援教育委員会のメンバーにスクールカウンセラーを加え、これらの会議に引き続いて、「対策委員会」の会議を開催する。 ＜例3＞ 企画委員会に、必要なメンバーを加えて「対策委員会」の機能をもたせる。 ＜例4＞ いじめが認知された場合には、常設の委員に、個々のいじめに応じて、学年会、部活動の担当教員等を加えて対応する。	◆ 委員のメンバーに校長、副校長は不可欠である。校長に決定権があることを明確にした上で、委員長を校長とするか、他の教員とするか、各学校で定める。 ◆ 教育課程の中に、いじめ防止の対策を位置付ける趣旨から、「対策委員会」に教務主任を入れるなど、委員の構成については、学校の実態等に応じて、編成する。
2	年間活動計画の作成・実施	○ いじめ防止等の対策に係る学校の年間活動計画（校内研修、「いじめに関する授業」、教職員による個人面談、スクールカウンセラーによる全員面接、子供対象のアンケート、保護者会での説明、「学校サポートチーム」会議での説明、子供の主体的な活動への支援など、それぞれの実施計画）を策定する。 ○ 策定した計画が適切に実施されるよう運営を行う。	◆ 年間活動計画を「学校いじめ基本方針」に明記するとともに、定期的に「基本方針」が、自校の実態に即して機能しているかを点検する。
3	定例会議の設定	○ スクールカウンセラーの勤務日に合わせて会議を設定する。 ○ 個々のいじめやいじめの疑いの事案について、現状と対応の進捗状況を確認するとともに、今後の対応策を決定し、校長に報告する。	◆ 学校ごとに、「対策委員会」の機能と、具体的な取組を明確にし、定例会議で、いじめ防止の取組の進捗状況を確認する。
4	情報収集・共有	○ 子供の様子で気になることがあったとき、子供間でトラブルが発生した時など、どんな小さな事例でも、「対策委員会」として教員から報告を受けるとともに、教職員間で情報を共有する。	◆ 教員一人一人が、誰にどのような手順で報告、連絡するかなどを、チャート図等で示すなどの工夫をする。
5	いじめの認知	○ 教員から、子供の様子で気になることが報告された場合は、校長の方針の下に、事実確認の方法を決定する。 ○ 上記確認の結果について報告を受け、当該の事例が、いじめであるか、いじめの疑いの状況であるか等について判断する。	◆ いじめが認知された場合には、迅速に対応する必要があるため、まず校長が、担任等から報告を受けて対応を指示することもあり得る。
6	対応方針の協議	○ いじめ等について、実態に基づき、早期解決に向けた対応方針を協議し、校長に報告する。 ○ 対応方針について、学級担任等が保護者に伝えるとともに、保護者の意向を確認する。 ○ 学級担任は、保護者の意向を「対策委員会」に報告する。	◆ いじめの事例ごとに、被害や加害の子供及びその保護者に対して、誰がどのように対応するかを決定する。
7	成果検証・「基本方針」改善	○ 学校の取組の推進状況について、自己評価、外部評価、諸調査の数値等を基に検証し、「学校いじめ防止基本方針」を改訂する。	
8	指導・助言	○ 子供に対して中心となって対応を行う学級担任等に、適切に助言をしたり、相談に乗ったりする。	◆ 特に対応に当たる若手教員等に対しては、「対策委員会」として、きめ細かに助言していく。
9	記録の保管・引継ぎ	○ 全てのいじめの事例について、「対策委員会」が定めた共通の様式等で記録を残し、他の教職員が確認できる方法により保管する。 ○ 年度が替わった場合には、学級担任等が確実に情報を引き継ぐとともに、対象の子供が上級の学校等に進学した場合には、進学先に情報を伝える。	
10	学校評価の実施・「学校いじめ防止基本方針」の改訂	○ 年度当初に定めた成果目標に基づき、学校評価の中で、自校の取組の成果と課題を検証するとともに、評価結果を踏まえ、保護者会や学校サポートチームと連携して、「学校いじめ防止基本方針」を改訂する。	◆ 学校評価の評価項目には、「学校いじめ防止基本方針」に基づく取組（アンケート、個人面談、授業、校内研修等）の実施状況を位置付ける。

出典：「いじめ総合対策【第2次・一部改定】上巻［学校の取組編］」（令和3年2月、東京都教育委員会）より

Case3

被害者でもあり加害者でも あるいじめ（高校生）

●●●●●●●●●●●●●●●●●●●●●

〈事例〉

1　概要

（1）保護者からの連絡

　高校1年生のA子は、中学校から引き続きバレーボール部に所属し、同じ学年の部員をリードして活躍するような活発な生徒でした。

　他校との試合が間近に迫った11月のある日の朝、A子の母親から、ホームルーム担任のM先生に電話が入りました。

　「娘が『学校に行きたくない』と言っているので、今日は欠席させます。バレーボール部で、何かあったのでしょうか？」

　M先生は、昨日までのA子の様子から思い当たるようなことはなかったので、戸惑いながら、母親に次のように話しました。

　「学校で何があったか、把握できていません。Aさんが辛い思いをしていることに気付いてあげられず、申し訳ありません。すぐに部活の顧問などに確認し、今日の夕方5時に再度ご連絡いたします。」

（2）担任と部活動顧問と学年主任の連携

　M先生は、その日の始業前に職員室でバレーボール部顧問のK先生と学年主任のH先生を呼び止めました。

　M先生は「A子が、『学校に行きたくない』と話しているとのことです。部活での様子で、気になることはありませんか」と質問しました。

K先生は、首をかしげながら「私の見ている限りでは、むしろA子の方が、同じクラスのB子やC子にきつい言葉をかけているように思いますが……」と伝えました。

　それを聞いていたH先生は、「状況は複雑かもしれませんね。昼休みに『学校いじめ対策委員会』で対応を検討してもらいましょう」と提案しました。

（3） 部員への聴き取り

　「学校いじめ対策委員会」での協議を踏まえ、K先生が部活動の前にB子とC子からA子との関係などを聞いてみることにしました。

　B子は「私は頑張っているのに、A子に何回も『やる気ないなら、やめちゃえば』と言われています。すごくムカついています」と言い、続けてC子も「私はミスが多いので、A子に『何度同じこと言わせるの。いい加減にして』と怒鳴るように言われて、悔しくてトイレで泣いたこともありました」などを話してくれました。

　さらに、B子は「だから、私たち2人は、A子のことを無視すること

にしたんです。だって、いじめられているのは私たちの方だから……」
と強い調子で言いました。

　K先生は優しい調子で「A子は、バレーボールの経験が長いから、つ
いきつく言ってしまうのかも知れないね。辛かったB子とC子は、それ
でA子さんを無視することにしたんだね。あなたたちの気持ちもよく分
かるよ」と話しました。B子とC子は、涙ぐみ、言葉を続けることがで
きませんでした。

2　指導の実際

（1）「学校いじめ対策委員会」での協議

　学校では、その日の夕方4時半から「学校いじめ対策委員会」が開催
され、次のような今後の対応方針が話し合われました。

◆部活動顧問K先生

　「B子、C子の気持ちを考えると、いじめとは言えないのではな
いでしょうか」

◆生徒指導主事

　「いえ、A子が無視されたことに傷付いていれば、経緯に関係な
く、いじめ対策推進法が規定するいじめに当たります」

◆校長

　「そうですね。A子が受けた行為はいじめと認定しましょう。そ
して、B子とC子が、A子から受けた言動もいじめになります。2
件のいじめとして対応してください」

◆学年主任H先生

　「ただ、B子とC子が、なぜ無視をすることになったか、気持ち
に寄り添って、自分の行為を顧みられるように導いていく必要があ
ります」

◆ホームルーム担任 M 先生

「A 子には、強いチームになりたいという気持ちから言葉がきつくなっていることに、気付かせてあげるような指導が必要です」

◆養護教諭

「明日、A 子が学校に来たら話してみたいと思います」

◆部活動顧問 K 先生

「私は、もう一度、B 子と C 子と話をしてみましょう」

◆校長

「一方的な悪者を作らず、一人ひとりに寄り添い、本人に気付かせていくという方針で対応しましょう。このことについて、各保護者に説明し、理解を得るようお願いします」

（2）ホームルーム担任から保護者への連絡

ホームルーム担任の M 先生は、保護者との約束の夕方 5 時に A 子の母親に電話をしました。最初は、怪訝な様子だった母親も、M 先生が B 子や C 子からの聴き取りの内容や「学校いじめ対策委員会」での対応方針を伝えると、理解を示すようになりました。

そして、最後は「うちの子は、小さい頃から言葉がきつく、友達を傷付けてしまうことがある子なんです。私からもよく話してみます。ありがとうございました」などと話をしてくれました。

（3）部活動顧問と学年主任から保護者への連絡

同じ頃、バレーボール部顧問の K 先生が B 子の保護者に、学年主任の H 先生が C 子の保護者に、それぞれ電話で連絡をしました。

B 子の父親は、はじめのうちは「なんで、うちの子がいじめをしたことになってしまうのですか。子供は被害者でしょう」などと強い調子で主張していました。

K 先生は粘り強く「学校の方針では、社会一般で言う『いじめ』に対

して一方的なとらえ方をしていません。Ｂ子さんの気持ちを受け止めた上で、３人が自分を振り返られるよう指導していきます。こうした問題を乗り越えさせ、より強い絆にしていきたいと考えています」と３人の生徒への思いを語りました。

このことで、Ｂ子の父親も次第に「分かりました。よろしくお願いします」と理解を示すようになりました。

また、Ｃ子の母親も「３人が以前のような仲良しに戻れることを願っている」と学校の方針を理解し協力していくことを確認することができました。

（４）翌日の様子

翌日、始業時刻ぎりぎりで登校してきたＡ子はうつむいたまま、Ｂ子とＣ子とに目を合わせようとしませんでした。Ｂ子とＣ子も気まずい様子で、Ａ子と距離を置いています。

Ｍ先生はＡ子のそばに寄り「次の休み時間に、保健室で（養護教諭に）話を聞いてもらっておいで」とささやきました。Ａ子が休み時間に保健室へと向かったのを確認してから、Ｋ先生が教室に顔を出し、Ｂ子とＣ子を相談室に誘いました。

６時間目が終了しました。今日の部活は休みです。Ｂ子とＣ子は、帰宅しようと教室を出たＡ子に近寄りました。そして何も言わずに封筒に入った手紙を手渡すと、そのまま逃げるように去っていきました。

家に帰ったＡ子は恐る恐る封筒を開けました。中には、びっしりと丁寧な文字で綴られた便箋が２枚入っていました。

「Ａ子、ごめんね。……」

Ａ子は溢れ出る涙をぬぐうこともせず、手紙を読み進めたのでした。

指導の振り返り

❶ 保護者からの最初の連絡に誠意を示す

学級・ホームルーム担任が保護者から「子供が『学校に行きたくない』と言っている。学校で何かあったのではないか？」という訴えを受けることは少なくありません。

そうしたとき、学級・ホームルーム担任は、まず、子供に辛い思いをさせてしまっていることを詫びた上で、「学校いじめ防止基本方針」を踏まえ、組織を挙げて状況を確認し、対応していくことを約束することが肝要です。

そして、その日の夕刻までに、第一報として、その時点で明らかになった事実を報告することです。このことによって、保護者に「学校はしっかりと対応してくれる」という安心感をもってもらえます。

❷ 確実に「いじめ」を認知する

「学校いじめ対策委員会」は、「いじめ防止対策推進法」第2条に規定された定義に基づき、確実に「いじめ」を認知することが求められます。

法で規定されている「いじめ」は、いわゆる社会通念上の「いじめ」の範囲より極めて広く、その行為を受けた子供が、心身の苦痛を感じた場合は、「いじめ」に該当すると理解することが必要です。

本事例では、Ａ子がＢ子とＣ子に発した言葉も、Ｂ子とＣ子がＡ子に対して行った無視などの行為も、いずれも「いじめ」と認知しなければなりません。「いじめ」を認知することは「いじめ」を行っている子供

をあぶり出すことではなく、学校として解決すべき事案を把握することに他なりません。

❸　行為の重大性に応じた指導

　本稿の Case1の19ページで示した「いじめ」の定義によれば、「いじめ」に該当する行為に対して、一律に許されない行為と断じて、厳しい指導を行うことは適切ではありません。行為が与えた影響、故意性、計画性、行為を行った子供の人数、継続性など、行為の重大性に応じて、的確な指導や支援を行うことが大切です。

　本事例では、A子、B子、C子、それぞれの気持ちに寄り添いながら、自らの行為を振り返ることができるように指導し、解決を目指しています。

課題解決に導く基礎知識

1 いじめ被害児童生徒を理解し守り抜く姿勢

　本事例は、ホームルーム担任が保護者からの連絡を受け、学校全体でいじめを解決していく流れとなっています。保護者が抵抗なくいじめに関して相談できるようにするとともに、保護者の悩みを積極的に受け止めていくことが大切です。

　また、本事例のように学校がいじめ又はいじめの疑いのある事案を把握した場合には、まず被害児童生徒の保護を最優先します。被害児童生徒が不登校や自傷行為、仕返しなどの二次的な問題を発生させないようにしていきます。

　次に、学校は被害児童生徒の心情を理解し、本人とその保護者と一緒に解決していく姿勢を示すことが大切です。また、被害児童生徒は心に深い傷を負っていますので、そのケアに当たることも大切となります。

　その対応として、『生徒指導提要』では、次の4点に留意して行うことが示されています。

【いじめられている児童生徒への対応】
① 「誰も助けてくれない」という無力感を取り払うこと
② いじめに立ち向かう支援者として「必ず守る」という決意を伝えること
③ 大人の思い込みで子供の心情を勝手に受け止めないこと
④ 「辛さや願いを語る」ことができる安心感のある関係をつくること

2 いじめの背景を理解する

　いじめの背景には、本事例のように部活動の人間関係が端緒となる場

合があります。その他、勉強や人間関係等のストレスが関わっていることがあります。学級や学年、部活動等の人間関係を把握して一人ひとりが活躍できる集団づくりを進めていくことが大切です。

　また、児童生徒は学校や地域、家庭の中で、ストレスを感じることが多々あります。このような場合でも、それを他人にぶつけるのではなく、誰かに相談するなど、ストレスに適切に対処できる力を育むことも大切です。

　さらに、被害児童生徒に対しては、安全な居場所の確保や加害児童生徒、学級・ホームルーム全体への指導に関する具体的な支援策を検討し、本人や保護者に選択してもらうことも大切となります。

3　保護者との連携

　学校が被害児童生徒と加害児童生徒との保護者との連携を図ることが困難なケースも散見されます。

　特に、いじめと認めたがらない加害児童生徒の保護者からの協力を得ることが難しく、学校の対策が充分に進められなくなる場合があります。

　また、重大事態調査において、加害児童生徒の保護者からの協力が得られない場合もあります。

　学校は、加害児童生徒に対し、被害児童生徒の心情や心の痛みを認識させて十分な反省を促す必要があります。そのためには、学校は、粘り強く加害児童生徒の保護者にいじめの事実を説明し、加害児童生徒の反省と成長を促すための指導を行っていくことを伝えることが大切です。そして、被害児童生徒の保護者はもちろん、加害児童生徒の保護者と学校とが連携して、いじめの解消と再発防止につなげていくことが重要となります。

4　加害児童生徒と被害児童生徒との関係修復

　加害児童生徒の保護者にも協力を要請し、加害児童生徒が罪障感を抱

き、被害児童生徒との関係修復に向けて自分ができることを考えるように
なるよう指導していきます。

　その際、本事例のように、軽微に思われるようないじめでも、絶対に
許されないという毅然とした態度をとりながらも、加害児童生徒の反省
と成長を支援する視点で加害児童生徒の内面に抱える不安や不満、スト
レスなどを受け止めるようにしていくことが大切です。

　加害児童生徒へのアセスメントと指導・援助を行うことは再発防止の
鍵になります。

　これらの指導の方針と対応過程については、被害児童生徒及び保護者
に十分に説明し、同意を得てから行うとともに、指導の結果を丁寧に伝
えるなどの配慮を忘れないようにしましょう。

5　いじめのない学校へ

　最終的な到達点は、いじめを解消することです。「いじめの防止等の
ための基本的な方針」では、いじめの解消の条件として次の2点を挙げ
ています。

> ①　いじめに係る行為が止んでいること
> ②　被害児童生徒が心身の苦痛を感じていないこと

　これらの条件を満たしているかどうかを、被害児童生徒とその保護者
に面談などを通じて、継続的に確認する必要があります。

　また、対応に当たっては、教職員自身が「いじめに耐えることも必
要」「いじめられる側にも原因がある」など、いじめを容認する認識に
陥っていないか常に教職員の言動について自己点検することが重要です。

　さらに、いじめが解消している状態になった後も、被害児童生徒と加
害児童生徒が学校を卒業するまで、日常的に注意深く温かく見守り続け
ていくことが大切です。

Case4

定期的なアンケートから
いじめ発見（高校生）

●●●●●●●●●●●●●●●●●

〈事例〉

1　概要

（1）いじめアンケートの実施

　高校2年のA子が通う学校では、年に3回、生徒全員を対象に「気になること」「心配なこと」「悩みごと」「いじめに関すること」などについて回答するアンケートを実施しています。

　5月下旬、A子のホームルーム担任のK先生は、自分の学級の生徒40人が回答したアンケート用紙を確認しました。その際に「悪口を言われたりしている人がいる」「仲間外れにされたり、無視されたりしている人がいる」の2項目に〇を付けている用紙が3枚あることに気付きました。このアンケートは、記名しても無記名でもよいとされており、2枚は無記名で、1枚には生徒Bの名前が書かれていました。

（2）生徒からのいじめ報告

　翌日の昼休み、K先生は相談室にB子を呼びました。

　K先生はB子に「いじめを受けている人がいるということかな」と尋ねてみました。しばらく黙っていたB子は、次のような事実を話してくれました。

①　昨年度、A子はD男（現在、A子と別クラス）と付き合っていた。

②　今年度に入り、D男はA子と別れ、C子（A子と同じクラス）と付

き合い始めた。

③　A子は、悔しさのあまり、親友であるB子（A子と同じクラス）に
　C子の悪口を言うようになった。

④　ゴールデンウィーク中のある日、A子はB子に「C子がD男にクッ
　キーを作ってプレゼントしたんだって。でも、D男はクッキー苦手な
　んだよ。そんなことも知らないで付き合ってるんだね」とSNSで
　メッセージを送った。

⑤　ところが、A子は送り先を間違えて、B子の個人アカウントではな
　く、8人のクラスメートのグループに送ってしまった。

⑥　このことを知ったC子は、4人のクラスメートと共に、A子に対し、
　いじめを行うようになった。

⑦　その後、A子はC子たちからSNSのアカウントから外された上、
　無視されたり、「消えろよ」とささやかれたりするようになった。

　K先生はB子に対して、記名してアンケートに回答した勇気を称えま
した。

B子は「クラスの全員が知っていることです。ほとんどの人が知らんぷりしています。私がチクったことになりますね。私もいじめられるな」と表情を曇らせました。

　K先生は「B子さんが伝えてきたことは分からないようにするから、心配しないで。どう対応するかは、先生方で知恵を絞って考えるね」と約束しました。

　次の日、K先生はA子に「あなたがいじめられていると教えてくれた生徒がいるんだけど……」と話し始めると、A子は「B子が伝えてくれたんですね。私、B子を巻き込みたくないんです」と苦痛にゆがむ表情で訴えました。

2　指導の実際

（1）「学校いじめ対策委員会」での協議

　その日のうちに、「学校いじめ対策委員会」が招集され、対応方針が話し合われました。委員会のメンバーは、皆一様に一歩対応を誤ると大きな問題に広がりかねないと頭を悩ませました。協議の結果、次のような方針が確認されました。

① 　K先生から、A子とB子の保護者に状況を報告する。

② 　事実を伝えてきたB子を守るためにも、2学年の各ホームルーム担任が生徒全員に面接を行い、いじめに関することで知っていることはないかを尋ねる。こうすることで、更なる事実が明らかになることが期待されるだけでなく、誰が教員に伝えたのかを特定しづらくなる。

③ 　2学年の生徒全員への面接の結果を持ち寄り、再度、「学校いじめ対策委員会」を開催する。

（2）生徒全員面接の実施

　翌日から行われた2学年の生徒全員に対する面接の中で、C子たち5

人は「何も知らない」と話すのみでした。また、Ａ子と同じクラスの生徒のうち４人が、Ａ子がＣ子たちからいじめを受けていると話してくれました。

一方、Ｄ男はホームルーム担任に対して、きっぱりとした言い方で「Ｃ子たちが、Ａ子をいじめていることは知っています」と答えました。また、「Ａ子と別れたのは、Ａ子から『別れたい』と言ってきたからです。その後、Ｃ子から『付き合ってほしい』と言われ、何となく付き合い始めました。俺としては、Ａ子とＣ子がこんな関係になってしまって悩んでいます」とのことでした。続けてＤ男は、「俺からＣ子に『Ａ子へのいじめをやめてほしいと』話してみます」と言いました。

Ｄ男のホームルーム担任は「そうしてくれると、ありがたいな。でも、うまくいかなくても、君の責任ではないから。背負いすぎないでね。後でどんな様子だったか、結果を教えて」と伝えました。

（３）傍観者にならないための授業

その日に、再度開催された「学校いじめ対策委員会」で、校長は「いじめは、子供たちの間で起きるものです。だからこそ、子供たち自身で、いじめを解決しようとする態度を育てることが大切です。見て見ぬふりをすることも許されないことです。Ｄ男はわが校の宝ですね」と話しました。そして「全てのクラスで、いじめの傍観者にならないようするためにどうしたらいいか、生徒に話し合わせる授業を行ってください」と指示しました。

授業があった日の昼休み、Ｋ先生の前に立ったＡ子が「Ｃ子に謝りたいです。先生、仲介してください」と言いました。また、その日の放課後、今度はＣ子たち５人がＫ先生を呼び止めました。「私たち、Ａ子にひどいことをしていました」

この時、Ｋ先生は、久しぶりに生徒たちの輝く表情を見た気がしました。

指導の振り返り

❶ 定期的なアンケートの実施

「いじめ防止対策推進法」では、いじめの早期発見に向け、子供への定期的な調査等を行うよう規定されています。いじめやいじめの疑いのある状況を把握するための参考にするため、学校では年に3回のアンケートを実施することが求められます。その際、具体的な実施方法や質問項目は、子供の実態等を踏まえ、学校や学年で十分に検討して実施する必要があります。本事例では、記名でも無記名でもよいとしており、心理的ハードルを下げる工夫をしています。

なお、子供はいじめの事実を教職員に相談しづらいものです。アンケートに何も記載がないからといって、いじめがないと思い込むことがないように注意しましょう。

本事例では、複数の生徒が「誰かがいじめられているのを知っている」という項目に〇を付けていたことから、いじめの発見につながりました。

❷ 自ら行動するように働きかける

いじめは子供同士の間で起こることから、周囲の子供が、いじめが行われていることに気付いていることも少なくありません。見て見ぬふりをせず、教職員や保護者などに伝えるように日頃から指導を行うことが必要です。

そして、伝えてきた子供がいじめに巻き込まれないように教職員が一

丸となって、その子供を守っていく体制づくりが欠かせません。また、子供たちが、いじめを自らの問題として主体的に考え、話し合い、行動できるよう、様々な助言や働きかけをしていくことも重要です。

　本事例では、D男が教員にいじめの事実を伝えるだけでなく、解決に向けて行動する意思を示しました。こうした子供を育てていくことこそが、学校からいじめをなくす最も大切な取組と言えます。

課題解決に導く基礎知識

1 いじめの防止教育

　いじめは「どの子供にも、どの学級にも、どの学校にも」起こりうるという前提の下、すべての児童生徒を対象に、「いじめをしない、させない」ための未然防止の取組をしていく必要があります。

　具体的には、児童生徒が自主的にいじめの問題について考え、議論するなどのいじめの防止に向けた活動をしていくことが考えられます。

　また、未然防止の基本は、児童生徒が、心の通じ合うコミュニケーション能力を育み、規律正しい態度で授業や行事に主体的に参加し、活躍できるような授業づくりや集団づくりを行うことです。

　いじめに関するアンケートや聴き取り調査によって初めていじめの事実が把握されることも多くあります。いじめられている児童生徒を助けるためには他の児童生徒の協力が必要となる場合があります。

　このため、学校は児童生徒に対して、いじめの傍観者になるのではなく、「学校いじめ対策組織」に相談・報告するなどして、いじめを止めさせるための行動をとることの重要性を理解させる取組が必要です。

2 アンケート調査と教育相談

　いじめは大人の目に付きにくい時間や場所で行われたり、本稿のCase2で取り上げたように、遊びやふざけ合いを装って行われたりするなど、大人が気付きにくく、判断しにくいことが多くあります。

　このため、教職員はそのような場面に気付いたら、ささいな兆候であっても、いじめではないかと疑いをもって、いじめを積極的に認知することが重要です。

　そのためには、日頃から教職員は児童生徒の見守りや信頼関係の構築

等に努め、児童生徒が示す変化や危険信号を見逃さないようアンテナを高く保つ必要があります。また、学校は定期的なアンケート調査や教育相談の実施等により、児童生徒がいじめを訴えやすい体制を整え、いじめの実態把握に取り組んでいくことが大切です。

　アンケート調査は、児童生徒が自ら SOS を発信することや、いじめの情報を教職員に報告することにつながり、いじめの解決の第一歩となります。その一方で、当該児童生徒には「いじめている子に見られたらどうしよう」など不安を抱えながらも、勇気をもって行動しようとしています。こうしたことを教職員は理解して、当該児童生徒を必ず守り抜くという姿勢で、迅速に対応することが重要となります。

　アンケート調査では、「自分のこと」「周りの人」「気になること」「心配なこと」など、項目を設けて質問するなどの工夫が必要です。

　具体的には、東京都教育委員会の「いじめ総合対策【第 2 次・一部改定】上巻［学校の取組編］」に示されているアンケート例を、次ページに示しますので、参考にしてください。

表2　いじめ発見のためのアンケート質問項目例

⑦　いじめ発見のためのアンケート質問項目例

年　　組　　性別（　　）

〇月から今日までのことで、当てはまる方に〇を付けてください。（学校でのことや、学校以外でのことなど、全ての時間を含みます。）

いじめの発見と自殺予防の視点を合わせたアンケートになっている。

1　自分のことについて

	気になること、心配なこと、悩みごとなどについて	ある	ない
1	学校のことや友達のことで、気になることや悩んでいることがある。		
2	家族や家庭のことで、気になることや悩んでいることがある。		
3	その他のことで、気になることや悩んでいることがある。		
4	学校に行きたくないと思う。		
5	生きているのがつらいと思う。		

	いじめに関することについて	ある	ない
1	冷やかされたり、からかわれたり、悪口やいやなことを言われたりする。		
2	仲間外れにされたり、無視されたりする。		
3	軽くぶつかられたり、遊ぶふりして叩かれたり、蹴られたりする。		
4	ひどくぶつかられたり、叩かれたり、蹴られたりする。		
5	お金をたかられたり、おごらされたりする。		
6	お金や物を隠されたり、盗まれたり、壊されたり、捨てられたりする。		
7	いやなこと、恥ずかしいこと、危険なことをされたり、させられたりする。		
8	メール、ネット、ＳＮＳなどで、嫌なことを書かれる。		
9	服を脱がされたり、恥ずかしいことをされたりする。		
10	その他の嫌なことをされる。		

2　周りの人のことについて（1回でもあったら「いる」に〇を付けてください。）

	気になること、心配なこと、悩みごとなどについて	いる	いない
1	学校のことや友達のことで、気になることや悩んでいる人がいる。		
2	家族や家庭のことで、気になることや悩んでいる人がいる。		
3	あくまでも例である。どのような形式がよいか、学校、学年等の実態を踏まえ、「学校いじめ対策委員会」が十分に協議して決定する。これは無記名式の例である。		
4			
5	生きているのがつらいと言っている人がいる。		

	いじめに関することについて	いる	いない
1	冷やかされたり、からかわれたり、悪口やいやなことを言われたりする人がいる。		
2	仲間外れにされたり、無視されたりする人がいる。		
3	軽くぶつかられたり、遊ぶふりして叩かれたり、蹴られたりする人がいる。		
4	ひどく「自分のことについて」と項目を合わせることにより、結果について比較、突合して確認することができる。		
5	お金を		
6	お金や物を隠されたり、盗まれたり、壊されたり、捨てられたりする人がいる。		
7	いやなこと、恥ずかしいこと、危険なことをされたり、させられたりする人がいる。		
8	メール、ネット、ＳＮＳなどで、嫌なことを書かれる人がいる。		
9	服を脱がされたり、恥ずかしいことをされたりする人がいる。		
10	その他の嫌なことをされる人がいる。		

3　気になることや心配なことを3行以上書いてください。
（書くことがない人は、将来の夢を書いてください。）

自由記述は、子供が記載する時間差を生み、「あの子は何か書いている。」と悟られることにつながる。時間差をなくすため、全員が何かを書くようにする。

4　相談したいことがある場合は、ここに出席番号を書いてください。

点線で谷折りにして提出してください。

出典：「いじめ総合対策【第2次・一部改定】上巻［学校の取組編］」（令和3年2月、東京都教育委員会）より

52　Chapter1　いじめ

【参考資料】

（1）いじめ防止対策推進法（平成25年法律第71号）

　https://www.mext.go.jp/a_menu/shotou/seitoshidou/1406848.htm

（2）「いじめの防止等のための基本的な方針」（平成25年10月11日、文部科学大臣決定（最終改定、平成29年3月14日））

　https://www.mext.go.jp/component/a_menu/education/detail/__icsFiles/afieldfile/2019/06/26/1400030_007.pdf

（3）「いじめの重大事態の調査に関するガイドライン」（平成29年3月、文部科学省）

　https://www.mext.go.jp/component/a_menu/education/detail/__icsFiles/afieldfile/201　9/06/26/1400030_009.pdf

（4）「いじめとは、何か」（令和元年6月、文部科学省）より

　https://www.mext.go.jp/component/a_menu/education/detail/__icsFiles/afieldfile/2019/06/26/1400030_004.pdf

（5）「令和3年度　児童生徒の問題行動・不登校等生徒指導上の諸課題に関する調査結果」（文部科学省）

（6）「いじめ総合対策【第2次・一部改定】上巻［学校の取組編］」（令和3年2月、東京都教育委員会）

（7）『生徒指導提要』（令和4年12月、文部科学省）

【その他の参考となる資料等】

（1）「不登校重大事態に係る調査の指針」（平成28年3月、文部科学省）

　https://www.mext.go.jp/a_menu/shotou/seitoshidou/__icsFiles/afieldfile/2016/07/14/1368460_1.pdf

（2）「いじめ対策に係る事例集」（平成30年9月、文部科学省）

　https://www.mext.go.jp/a_menu/shotou/seitoshidou/__icsFiles/afieldfile/2018/09/25/1409466_001_1.pdf

（3）国立教育政策研究所　生徒指導リーフ増刊号「いじめのない学校づくり3　Leaves. 3」

　https://www.nier.go.jp/shido/leaf/leaves3.pdf

（4）「いじめの正確な認知に向けた教職員間での共通理解の形成及び新年度に向けた取組について」（平成28年3月18日付27初児生第42号、文部科学省初等中等教育局児童生徒課長通知）

　https://www.mext.go.jp/a_menu/shotou/seitoshidou/1400170.htm

（5）国立教育政策研究所　生徒指導支援資料6「いじめに取り組む」

　https://www.nier.go.jp/shido/centerhp/2806sien/index.htm

（6）国立教育政策研究所　生徒指導リーフ「学校の「組織」で行ういじめ「認知」の手順

Leaf．19」

https://www.nier.go.jp/shido/leaf/leaf19.pdf

（7）国立教育政策研究所　生徒指導リーフ「アンケート・教育相談をいじめ「発見」につ
　　なげる Leaf.20」

https://www.nier.go.jp/shido/leaf/leaf20.pdf

（8）国立教育政策研究所　生徒指導リーフ「いじめに関する「認識の共有」と「行動の一
　　元化」Leaf.21」

https://www.nier.go.jp/shido/leaf/leaf21.pdf

（9）情報モラル教育の充実等

https://www.mext.go.jp/a_menu/shotou/zyouhou/detail/1369617.htm

（10）道徳教育アーカイブ

https://doutoku.mext.go.jp/

（11）「学校における働き方改革に関する取組の徹底について」（平成31年３月18日付30文科
　　初第1497号、文部科学事務次官通知）

https://www.mext.go.jp/a_menu/shotou/hatarakikata/1414502.htm

Chapter 2

暴力行為

Case5

生徒間暴力
（高校生）

● ● ● ● ● ● ● ● ● ● ● ● ● ● ● ●

〈事例〉

1　背景

　高校2年のＡ男は小学生の頃に両親が離婚し、母親と二人暮らしをしています。小学生の頃は、落ち着きがなく、イライラすることが多い子供でした。一方で人懐っこい面もあり、大人をはじめ誰とでも親しげに話しができる子供でもありました。中学生の頃には、学業成績は真ん中くらいで特に数学が得意でした。生活面では、授業妨害などの問題行動を起こすことはありませんでした。しかし、時々衝動的に大声を出したり、粗暴な行動を取ったりして、級友からは恐れられることがありました。こうしたこともあって、Ａ男は徐々にSNSで知り合った他校の生徒と交流するようになりました。

　その後、Ａ男は他の生徒とトラブルを頻繁に起こすようになり、中学校ではケース会議を開き、Ａ男に様々なアプローチを試みていました。しかし、母親の理解と協力を得ることができず、なかなか改善には至りませんでした。そのような中で、Ａ男は親身に話を聞いてくれるスクールソーシャルワーカーの言うことには耳を傾け、比較的得意な数学を勉強して、将来の就職にもつなげられるよう就職率の高い公立高校を受験し、合格しました。

　Ａ男は、高校に入学して、しばらくの間は楽しく順調に学校生活を過ごしていました。授業もＡ男の学力に適したレベルであり、欠席や遅刻

もありませんでした。普段は大人に対しても人懐っこく振舞うため、教職員たちとの関係は特段悪くはありませんでした。しかし、時々、急にイラっとした様子になり、相手をにらみつけるような仕草をすることから、同級生からは少し距離を置かれるような存在でした。学年内に気の合う仲間も数人いましたが、部活動には入らず、放課後は中学校時代からの友人と遊びに行くことが多い毎日を過ごしていました。

　１年の２学期頃から、A男は次第に授業中の学習意欲が下がり、課題を忘れることが目立ち、遅刻や欠席も増えてきました。学校外での粗暴な行動の噂もあり、１年の終わりの春休み中には、公園で他校の複数の生徒との喧嘩の現場にいたことで警察に補導されました。

2　事案の発生

　春休みに警察に補導されたものの、警察では説諭のみで解放されました。このことについて、警察から学校に情報提供がありましたが、学校としては、逮捕案件ではないことから学校としての特段の対応はせず、

新学期が始まってからＡ男と面談をすることにしました。Ａ男は、その後も自由気ままに他校の生徒と春休みを過ごしましたが、警察に関わる問題になるような行動はありませんでした。

　Ａ男は、新学期前日に校則で許されるぎりぎりのやや明るめの茶色に染髪しました。次の日、Ａ男は登校中に会った気の合う同級生から「おしゃれ」「似合っているね」などの声をかけられ、意気揚々として学校に着きました。

　Ａ男は、春休み中の他校の生徒との武勇伝などを自慢しながら、少し浮かれた気持ちで廊下を歩いていると、すれ違いざまに同学年のＢ男と肩がぶつかりました。Ａ男はとっさにムッとした表情になりましたが、Ａ男が反応するより早く、ぶつかった相手のＢ男が「いてぇな」とＡ男をにらむなり「なんだ、その髪、ダッセ」と言いました。その言葉を聞いたＡ男は、突然キレたように大声を上げ、Ｂ男につかみかかりました。周りにいた生徒が止めようとしましたが、Ｂ男も応戦してきたため、Ａ男もＢ男も相手を罵るような言葉を叫びながら取っ組み合う形になりました。Ａ男はさらに感情が高ぶり、右手の拳でＢ男の鼻を殴りつけました。Ｂ男がよろけて倒れたところへ、騒ぎに気が付いた複数の教員が駆け付け、両者を引き離しました。Ｂ男は出血していないようでしたが、鼻を押さえ痛がっていました。

　Ａ男は教員に抱きかかえられながら、しばらく大声でＢ男に対して威嚇するように叫び、暴れていましたが、Ａ男と一緒にいた仲間からも、落ち着くように諭され、次第に落ち着きを取り戻し、静かになりました。

指導の振り返り

① 事案発生直後の対応

　その場にいた教員が職員室に戻り、副校長に一報を入れました。また、教員2人がA男を別室に連れて行き、事情を聴き、さらに別の教員がB男を保健室に連れて行き、養護教諭がB男の手当てを行った後、事情を聴きました。その間に別の教員が廊下にいた関係生徒を別室に連れて行き、状況を聴き取りました。

　校長は副校長から報告を受け、副校長に対して日頃から連携している所轄警察署の生活安全課少年係に電話連絡し、担当警察官の来校を依頼するよう指示しました。学級担任には、直ちにA男とB男の保護者に電話で一報を入れ、本日中に改めて連絡することを伝えるよう指示しました。生徒指導主任には、まず始業式を行い、その後に臨時の学年団と生徒指導部との合同部会を招集して、状況の確認を行うことを指示しました。

　そして校長は、廊下でのトラブルを目撃した生徒たちがいたことも踏まえ、始業式の校長講話の中で、この暴力行為に触れ、現在状況の確認中であることと、暴力はいかなる理由があっても行ってはならないことを全校生徒に訴えました。

② チーム学校としての体制づくり

　始業式後、臨時の学年団と生徒指導部との合同部会を開催し、来校した警察官にも同席をしてもらいました。まず、対応した教員たちが現場

の状況や、関係生徒から聞き取った情報を報告しました。次に前年度の学級担任からＡ男の１年生時の学校内外の生活や家庭環境等について報告しました。また、学年主任や生徒指導主任からはＡ男の春休み中の補導の件を含め、これまでの生徒指導上の課題について報告しました。

また、今後の対応方針として次の６点を確認しました。

---

① 生徒の小さな荒れや暴力などを見逃さずに対応すること

② いじめの可能性も踏まえて情報収集すること

③ Ａ男とＢ男の保護者の理解を得ながら、警察とも連携して対応していくこと

④ 加害生徒Ａ男に対しては、暴力を許さない毅然とした対応を取ること

⑤ Ａ男の将来を見据え、スクールカウンセラー、スクールソーシャルワーカー、警察、教育委員会からの助言等を踏まえ、慎重に検討していくこと

⑥ 当該学年の保護者などへの説明方法を検討すること

また、今後の保護者や警察等との連絡担当者、対応記録を作成する担当者などの役割分担を確認しました。警察官からは本日以降にＡ男とＢ男から事情を聴き、Ａ男の反省状況やＢ男の保護者からの被害届の有無なども確認し、学校と連携して対応していくことが伝えられました。

❸ 指導の実際

関係者によるケース会議を行い、Ａ男への指導・支援について協議を行いました。ケース会議での意見等を踏まえ、学年団と生徒指導部の合同部会で学校としての対応方針を協議し、Ａ男の現在の態度やＡ男の保護者の願い、Ｂ男とその保護者の受け止め、Ａ男の将来性など様々な観点から、退学や停学などの懲戒処分ではなく、特別指導として、家庭内

指導から別室指導と段階を踏んだ指導を行っていくことにしました。

　校長は、その旨をＡ男とその保護者に伝え、了承を得ました。また、Ｂ男とその保護者にもその対応方針を伝え理解を得ました。

　特別指導の初日、Ａ男には、家庭内で保護者と話し合い、自分の小・中学校時代からの特性を振り返りつつ、保護者と話し合った内容や反省を書くことを課題としました。

　２日目からの３日間は、Ａ男を学校に登校させ、別室で生徒指導主任による説諭、スクールカウンセラーや学級・ホームルーム担任との面談を行うとともに、自己の特性の分析、暴力行為をしたことの反省、今後の生活態度の改善、将来の進路等についてレポートを書かせ、そのレポートに基づいて学年主任等による面接指導を行いました。

　これら４日間の特別指導の状況から、Ａ男に反省した様子が窺えたことから、学年団と生徒指導部との合同会議で協議し、特別指導を解除することにしました。また、Ａ男への継続的な指導が必要と考え、今後１週間は毎日放課後に学級・ホームルーム担任等との面談を行うこと、当面の間、毎週１回のスクールカウンセラーとの面談を行うことも併せて決め、校長がＡ男とその保護者に特別指導の解除の申し渡しをしました。

④　留意点

　暴力行為を起こす要因として、本人の衝動性などの特性が影響しているかもしれません。本人や保護者からの聴き取りで、小中学校での様子や生きづらさなどの困り感を探ることが重要です。特に発達障害の特性や傾向がある場合には、教員による指導だけでは改善が難しく、専門家の協力を得る必要があります。

　また、生徒間暴力の場合、いじめの有無についても把握が必要です。これまでのアンケート調査、友達関係のもつれ、SNS でのトラブル等、法に照らしていじめに該当する可能性を踏まえた事実確認が必要です。

　さらに、暴行罪、傷害罪等に該当する可能性がある場合には、躊躇す

ることなく警察への通報等、警察と連携した対応が必要です。そのため
にも日頃から所轄警察署の生活安全課少年係の警察官やスクールサポー
ターとの関係を作っておくことが重要です。

　生徒間暴力の場合、被害生徒とその保護者への丁寧な対応がとても大
切です。警察への被害届、生徒及び保護者同士の謝罪を含めた話し合い、
加害生徒への学校の対応措置、事後の学校生活での生徒同士の関わり方
など、学校の積極的な対応が求められます。

　学校の秩序を乱す暴力行為に対しては、生徒が安心して学べる環境を
確保するため、適切な指導、措置を行うという基本姿勢をもちつつ、加
害生徒が将来社会に適応できるよう、ルールや行動様式を学ばせる機会
と捉えることも学校教育としては重要な視点です。

課題解決に導く基礎知識

1　暴力行為とは

　本事例は、暴力行為の一つである「生徒間暴力」を取り上げています。それでは、これ以外に暴力行為にはどのようなものがあるのでしょうか？

　文部科学省では毎年度、「児童生徒の問題行動・不登校等生徒指導上の諸課題に関する調査」を実施しています。この調査では、「暴力行為」について、「自校の児童生徒が、故意に有形力（目に見える物理的な力）を加える行為」と定義しています。また、被暴力行為の対象によって、次の表3のように4形態に分類されています。

　なお、家族や同居人に対する暴力行為については、調査の対象外とされています。

表3　暴力行為の4形態

①対教師暴力	教師に限らず、学校職員も含んだ、教師への暴力行為
②生徒間暴力	何らかの人間関係がある児童生徒同士に限定した生徒間の暴力行為
③対人暴力	①対教師暴力と②生徒間暴力の対象者を除いた暴力行為
④器物損壊	学校の施設・設備等の器物を損壊する行為

　この調査においては、当該暴力行為によって怪我があるかないかといったことや、怪我による病院の診断書、被害者による警察への被害届の有無などにかかわらず、暴力行為の内容及び程度等で判断することになります。具体的には、次の表4の例に掲げているような行為と同じか、またはこれらを上回るようなものを全て対象としています。各学校では暴力行為の定義と形態をよく確認して判断することが重要となります。

Case5　生徒間暴力（高校生）　　63

表4　暴力行為の具体例

①対教師暴力の例
- ア　指導されたことに激高して教師の足を蹴った。
- イ　教師の胸ぐらをつかんだ。
- ウ　教師の腕をカッターナイフで切りつけた。
- エ　養護教諭目掛けて椅子を投げ付けた。
- オ　定期的に来校する教育相談員を殴った。
- カ　その他、教職員に暴行を加えた。

②生徒間暴力の例
- ア　同じ学校の生徒同士がけんかとなり、双方が相手を殴った。
- イ　高等学校在籍の生徒2名が、中学校時の後輩で、中学校在籍の生徒の身体を壁に押し付けた。
- ウ　部活動中に、上級生が下級生に対し、指導と称して清掃道具で叩いた。
- エ　遊びやふざけを装って、特定の生徒の首を絞めた。
- オ　双方が顔見知りで別々の学校に在籍する生徒同士が口論となり、けがには至らなかったが、身体を突き飛ばすなどした。
- カ　その他、何らかの人間関係がある児童生徒に対して暴行を加えた。

③対人暴力の例
- ア　学校行事に来賓として招かれた地域住民に足蹴りをした。
- イ　偶然通りかかった他校の見知らぬ生徒と口論になり、殴ったり、蹴ったりした。
- ウ　登下校中に、通行人に怪我を負わせた。
- エ　その他、他者（対教師及び生徒間暴力の対象を除く）に対して暴行を加えた。

④器物損壊の例
- ア　教室の窓ガラスを故意に割った。
- イ　トイレのドアを故意に壊した。
- ウ　補修を要する落書きをした。
- エ　学校で飼育している動物を故意に傷つけた。
- オ　学校備品（カーテン、掃除道具等）を故意に壊した。
- カ　他人の私物を故意に壊した。
- キ　その他、学校の施設・設備等を故意に壊した。

2　暴力行為の現状

　「児童生徒の問題行動・不登校等生徒指導上の諸課題に関する調査」（令和4年度、文部科学省）の結果によると、小学校、中学校、高等学校における暴力行為の発生件数は、95,426件（前年度76,441件）で、前年度から18,985件（24.8％）の増加となっています。また、児童生徒1,000人当たりの発生件数でみると7.5件（前年度6.0件）となっています。

（件）

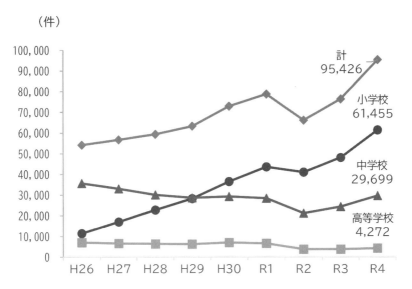

年度	H26	H27	H28	H29	H30	R1	R2	R3	R4
小学校	11,472	17,078	22,841	28,315	36,536	43,614	41,056	48,138	61,455
	1.7	2.6	3.5	4.4	5.7	6.8	6.5	7.7	9.9
中学校	35,683	33,073	30,148	28,702	29,320	28,518	21,293	24,450	29,699
	10.1	9.5	8.8	8.5	8.9	8.8	6.6	7.5	9.2
高等学校	7,091	6,655	6,455	6,308	7,084	6,655	3,852	3,853	4,272
	2.0	1.9	1.8	1.8	2.1	2.0	1.2	1.2	1.3
計	54,246	56,806	59,444	63,325	72,940	78,787	66,201	76,441	95,426
	4.0	4.2	4.4	4.8	5.5	6.1	5.1	6.0	7.5

※ 上段は発生件数、下段は1,000人当たりの発生件数。

図2　暴力行為発生件数の推移（1,000人当たりの暴力行為発生件数）
出典：「児童生徒の問題行動・不登校等生徒指導上の諸問題に関する調査」（令和3（2021）
年度、文部科学省）から

　図2を見ると、令和2年度は全校種で暴力行為の減少がみられました
が、令和3年度には新型コロナウイルス感染症流行前の令和元年度並み
となり、令和4年度では再び小学校と中学校において増加して過去最多
となりました。一方、近年減少傾向にある高等学校の暴力行為では、大
幅に減少した令和2年度とほぼ同数となっています。

これらの原因としては、部活動や学校行事などの様々な活動が再開されたことにより児童生徒の接触機会が増加し、いじめの認知に伴うものや児童生徒に対する見取りの精緻化によって把握が増えたことなどが、暴力行為の発生件数の増加の一因と考えられます。

【参考通知等】
（1）「問題行動を起こす児童生徒に対する指導について」
　　（平成19年2月5日付け18文科初第1019号、文部科学省初等中等教育局長通知）
　　https://www.mext.go.jp/a_menu/shotou/seitoshidou/07020609.htm
（2）「暴力行為のない学校づくりについて（報告書）」
　　（平成23年7月、暴力行為のない学校づくり研究会）
　　https://www.mext.go.jp/b_menu/shingi/chousa/shotou/079/houkou/1310369.htm
（3）『生徒指導提要』（令和4年12月、文部科学省）
　　https://www.mext.go.jp/a_menu/shotou/seitoshidou/1404008.htm

Case6

器物破損
（中学生）

● ● ● ● ● ● ● ● ● ● ● ● ● ● ● ● ● ● ●

〈事例〉

1　背景

　中学1年のA男は、共働きの両親と高校生の兄の4人家族です。A男は小学校の4年生までは学校では特に目立つ子供ではありませんでしたが、勉強は苦手なようでした。家では時々、癇癪を起こして物を投げることもありました。このことについて、保護者は学校では周囲に合わせて猫をかぶっているので、家ではある程度伸び伸びさせたいと考えていました。小学校高学年になると、同じ学級の親しい仲間4人でいつも一緒にいるようになり、授業中はおしゃべりをしたり、漫画を読んだりしていて、学級担任から度々注意を受けていました。また、その学級は授業態度などに荒れた傾向があり、A男を含めた4人グループの行動も改善することはありませんでした。

　A男は学区域の公立中学校に親しい仲間の内2人と一緒に進学しましたが、その仲間とは違う学級になりました。進学した中学校は3校の小学校を学区域としていました。これらの小学校には、A男が通っていた小学校と同様に学級の荒れた傾向の小学校がありました。このため、中学校では、落ち着いた学校環境を確立するため、ゼロ・トレランス方式を取り入れ、規律を重視する学校経営が行われていました。

　中学校では、全員部活動に所属することを強く奨励していました。このため、A男は自分の特に得意なスポーツがなかったこともあり、ボラ

ンティア部に入部することにしました。しかし、Ａ男は欠席することが多く、部活動での親しい仲間はいませんでした。また、学級内では日常的におしゃべりをする仲間はいましが、親友と呼べるような友人はいませんでした。また、学校では禁止されていた２つのSNSグループに入っていました。授業中は「ボーッ」としていることが多く、あまりノートをとっている様子も見られませんでした。一方、一人１台の学習者用端末を使用している時には、集中して学習に取り組んでいるようでした。学年会では、各教科担任から、学習意欲に課題のある生徒の一人として名前が挙がっていました。

2 事案の発生

　Ａ男は、１学期の中間テストの結果で学年の中でかなり下位に位置していました。どの教科担任もＡ男の無気力な授業中の学習態度に対して注意しても、Ａ男の態度には改善が見られませんでした。

　こうした状況を踏まえ、学級担任でもある理科担当のＢ先生はＡ男と

の個人面談を行い、各教科の授業態度が芳しくないことや、課題の提出を忘れることが多いことなどについて厳しく説諭しました。

　しかし説諭後も、Ａ男の授業態度に改善の様子が見られませんでした。そこで、Ｂ先生は改めてＡ男を放課後に呼び出し、明日の理科の授業態度によっては、保護者に連絡を取り、保護者面談を行うことや、夏休み中には補習授業を受けてもらうことを強い口調で指導しました。それに対して、Ａ男は返事をすることもなく、ただ黙って聞いているだけでした。

　翌日の理科の授業では植物の葉の観察を行いました。理科室で各自が顕微鏡を準備し、サンプルを拡大して観察し、ノートに記録をまとめる授業です。Ａ男は、Ｂ先生からの「班ごとに順番に準備すること」という指示に従い、班員と実験器具を用意しました。しかし、Ａ男は、その後のＢ先生の説明に対して、いつものように「ボーッ」とした態度で聞いていました。Ｂ先生から顕微鏡での観察開始の指示が出ると、他の生徒たちは一斉に顕微鏡を操作し始めました。しかし、Ａ男はパラパラと理科便覧をめくり始め、観察を始めようとはしませんでした。そうしたＡ男の授業態度を見ていたＢ先生は、教室前方から大きな声でＡ男の名前を呼び、顕微鏡で観察を始めるよう指示しましたが、Ａ男は聞いていない様子で、理科便覧を見るのを止めませんでした。

　Ｂ先生がＡ男の席の近くに行き、Ａ男の名前を呼び、再び同じ指示をしましたが、Ａ男は無視をするような態度を取りました。そこで、Ｂ先生が、机上に置いてあった顕微鏡をＡ男の目の前に移動させ、「授業に参加しなさい」と注意したところ、Ａ男は顕微鏡に手を伸ばし、右手でつかんで床に放り投げ、顕微鏡を壊してしまいました。

指導の振り返り

① 事案発生直後の対応

　B先生は、A男とその近くにいる生徒に怪我がないことを確認しました。次に、他の生徒に落ち着いて観察を続けるよう指示し、床に落ちて大きく破損した顕微鏡と散らばった部品を集め、箱に片づけました。その後、A男に対して、顕微鏡を破損したこと、A男が偶然ではなく、わざと落としたことを確認しようとしましたが、A男は興奮して「うるさい。お前が悪い」など反抗的な態度を取りました。そこで、B先生はA男を別室で落ち着かせることが必要と考え、内線電話で職員室に連絡し、学年の教員に来てもらい、A男を保健室に連れていってもらいました。

　授業終了後、B先生は学年主任にこれまでの経緯を報告し、A男に対して当面の対応について話し合い、その結果として、A男に不安定な状態が見えることから、次の4点の対応をしていくことを決めました。

---

① 保健室で給食を摂らせること
② 落ち着いたら本人の意思を確認して午後の授業に参加させること
③ 下校時には学年の教員が家まで送ること
④ 本日中に学年会で今後の対応方針を検討すること

　学年主任とB先生は、副校長に本日の経緯と学年としての対応案について報告するとともに相談を行いました。

❷ チーム学校としての体制づくり

　副校長は、校長と相談し、本日のＡ男への対応については学年で考えた提案通りとすること、本件は器物損壊にあたる事案でもあることから、本日、臨時の学年団と生徒指導部との合同部会を開催することを決めました。副校長は学年主任とＢ先生に、校長の方針を伝え、学年主任が生徒指導主任と調整して合同部会の開催を指示しました。

　生徒指導主任は、学年主任からの報告と副校長からの指示を聞き、今日集まれる生徒指導部の教職員に召集をかけ、明日以降の生徒指導部会にスクールカウンセラーとスクールソーシャルワーカーが参加できるように日程調整をしました。また、副校長に警察への連絡の必要性について相談し、副校長からはまずスクールサポーターに一報を入れておくよう指示を受けました。そこで生徒指導主任は、スクールサポーターに電話で概要を伝えるとともに、来校して助言してほしい旨を依頼しました。

❸ 指導の実際

　事案発生日に、臨時の学年団と生徒指導部の合同部会を開催して話し合い、次の5点について確認しました。

> ①　まず学年で情報収集をすること
> ②　Ａ男の保護者との面談を実施すること
> ③　Ａ男の通っていた小学校から小学校時代の学校生活の情報収集すること
> ④　これらを踏まえた指導と支援策を検討すること
> ⑤　次回の合同部会にはスクールカウンセラー、スクールソーシャルワーカーを交えて協議すること

　学校では、これらの取組で収集した情報を基に、Ａ男の学習意欲が高まらない要因について検討する必要があると考えました。

Ａ男の保護者からの話では、以前から家で物を投げて気持ちを発散させることがあることから、Ａ男の性格として衝動性がある可能性や、そのような行動に至る背景として学習困難な要因があることなどが挙げられました。また、小学校の情報からは、小学校時代の荒れた雰囲気から中学校で急に厳しく規律を守る雰囲気になり、うまく適応できていない可能性や、成長段階における反抗期であるのではないかなどの意見が出されました。これらを踏まえ、Ａ男には次のような指導をすることにしました。

① 　物を壊す行為は社会で許されないこと
② 　安心安全な学習環境を作る上で教員の指導に従うことを理解させること
③ 　警察に器物損壊の告訴はしないこと
④ 　故意に放り投げていることから修理費用は保護者に請求すること
⑤ 　保護者からの理解を得て、保護者からもＡ男への指導を行ってもらうこと
⑥ 　Ａ男の内面を探り本人の不満や生きづらさなどの困り感の解消を図るために、スクールカウンセラーによる面談とカウンセリングを行うこと
⑦ 　学習困難な状況に応じた支援体制を学年で検討すること

　また、生徒指導部では、ゼロ・トレランスが効果を上げていると言えるが、環境に適応できていない生徒がいる可能性も考慮し、アンケート調査と全員面接を行うことにしました。
　Ａ男には、まず家庭での課題として、今回の件についての反省文を書かせました。内容は、学校の備品を壊した理由、現在の気持ちや考え、そして中学校に入学してからの困りごとや不満についてです。
　その反省文を基に、学級担任であるＢ先生はＡ男と放課後の時間に個

別面談を行いました。この面談では、主にＡ男の心情を聴き取り、Ａ男との信頼関係の回復を図ることに注力しました。

　この面談での情報を踏まえ、翌日の放課後、学年主任と生徒指導主任によるＡ男への個別指導を行いました。器物破損などの暴力行為は学校においても社会においても許されないことを説諭しました。Ａ男が深く反省している様子を踏まえ、学年主任とＢ先生はＡ男を校長室に連れて行き、校長から改めて説諭し、Ａ男が困っていることがあれば支援していくことを伝え、本件への指導は終了しました。また、Ａ男の心の不安定さの解消に向けて、１学期末まではスクールカウンセラーによる面談を継続して行うことにしました。

④ 留意点

　特に小学校高学年から中学校にかけては、心身が大きく成長し、友達関係のトラブル、学力不振、将来の進路への不安などが生じやすい発達段階にあります。暴力行為を含め、問題行動の背景には、そのような不安定な心の状態を想定しておくことが大切です。また、中学校進級時の問題行動の背景要因には、本人の性格、学習への困難さに加えて、小学校とは異なる環境の変化への適応に苦慮している場合があります。そのような要因と併せて、反抗期による衝動性の抑制ができない状態にある場合もあります。

　指導に当たっては、教員はカウンセリングマインドをもち、生徒の思いや願い、生きづらさなどの困り感に寄り添った上で、生徒の採るべき正しい行動様式について教えていく必要があります。

　なお、学校の施設・設備の損壊等の費用負担の扱いは、管轄の教育委員会に相談し、教育委員会の規定等に従って対応していきます。

課題解決に導く基礎知識

1 暴力行為のない学校づくりを目指す

（1）生徒指導と指導体制

　暴力行為のない落ち着いた学校にしていくには、校長のリーダーシップの下、全教職員が一致協力して児童生徒に関わっていくことが重要です。

　その要は、生徒指導を行う上での教職員の基本的な姿勢にあると言えます。その基本的な姿勢としては次のような5点が挙げられます。

【生徒指導上の基本的姿勢】

① 学級・ホームルーム担任、生徒指導主任、養護教諭、スクールカウンセラーなど、教職員が、日頃から児童生徒理解を深めておく。

② 児童生徒への深い教育的愛情の下、全教職員が暴力行為は絶対に許さないという毅然とした姿勢で加害児童生徒の指導に当たる。

③ 家庭環境や友人関係、児童生徒の発達段階など、暴力行為の背後にある要因を踏まえた上で、児童生徒の内面に迫る指導をしていく。

④ 日頃から警察や児童相談所などの関係機関との連携を図り、形式的な指導に留まることなく、問題行動の抜本的な解決に取り組む。

⑤ 全ての児童生徒が学校生活によりよく適応し、充実した有意義な学校生活を送れるよう指導や支援を行っていく。

　個々の教職員がこれらの基本的な姿勢をもち、全教職員による組織的・協働的な指導体制を構築することが重要です。その指導体制のポイントも同様に次の5点が挙げられます。各学校の指導体制を点検し、改

善・充実をしていきましょう。

【指導体制のポイント】
①　組織的な生徒指導の推進が図られているか？
　　学校の教育目標を達成するため、校長を中心にマネジメントサイクル（PDCA）で組織的に取り組むシステムを構築しているか？
②　生徒指導の目標・方針の明確化が図られているか？
　　指導方針、指導基準、指導目標を明確にして、これらを文書化するとともに研修会などを実施して全教職員に周知し共通理解を図っているか？
③　開かれた学校づくりを推進しているか？
　　保護者だより、ホームページ、学校運営連絡会議などによる学校の情報発信をはじめ、保護者、地域、関係機関等に開かれた双方向の連携を図っているか？
④　指導体制の見直しを行っているか？
　　定期的に児童生徒理解を深める機会を設け、生徒指導や教育相談体制を見直しているか？
⑤　適切な評価と改善を行っているか？
　　教職員へのアンケート調査などによる内部評価とともに、児童生徒や保護者をはじめ、地域住民や関係機関などへのアンケート調査などによる外部の意見や評価を取り入れているか？

　次に、暴力行為が発生した時に中心となる生徒指導主任や学級・ホームルーム担任の果たす役割は重要となります。具体的な役割について示しますので、確認して対応に当たりましょう。

（2）生徒指導主任の役割

　暴力行為などの問題行動が発生した場合には、生徒指導主任の役割がとても重要となります。一般的に強面の教員が生徒指導主任のイメージととらえられがちですが、決してそのようなことはありません。

　大切なことは、生徒指導主任は、日常的に教職員とコミュニケーションを図り、双方向に思いを伝え合い、教職員間の意識のズレを調整するとともに、皆で協働する喜びを実感できる雰囲気づくりを行う、ということです。次に生徒指導主任の基本的な役割を示します。

【生徒指導主任の基本的な役割】

① 学級・ホームルーム担任をはじめ関係教職員、関係各部と連絡・調整し、全体をまとめていく。

② 様々な視点から加害児童生徒等の状況などの情報を収集していく。

③ 加害児童生徒の問題の見立てと指導の見通しを立てていく。

④ 生徒指導部会やケース会議などの会議に参加している教職員などの話を整理していく。

⑤ 参加している教職員などの認識を確認しながら、教職員間の合意形成を図っていく。

⑥ 参加している教職員などの相互理解をサポートし、各自の行動連携につなげていく。

（3）学級・ホームルーム担任の役割

　学級・ホームルーム担任は、暴力行為などが発生した場合の直接の対応者となることが多々あります。このため、学級・ホームルーム担任は、日頃の教育活動を通して、児童生徒との信頼関係を構築しておくことが大切です。

　児童生徒にとっては、学級は学校生活の中核をなしています。1年間

が楽しく、思い出深いものになるかどうかが一番の関心事です。自分の学級が安全で安心でき、仲間から肯定され、自分の個性を伸ばせる居場所であってほしいと願っています。

　それを実現する鍵は、学級・ホームルーム担任が握っています。学級・ホームルーム担任は児童生徒に「自己決定の場を与える」「自己存在感を与える」「共感的人間関係を育成する」といった生徒指導の目的を意識させ、仲間の絆に支えられた学級づくりをしていくことが大切です。そのための基本的な役割としては次のようなものがあります。

【学級・ホームルーム担任の基本的な役割】
①　児童生徒理解の深化
　　学級・ホームルーム担任は、日頃から児童生徒の情報を収集しておきましょう。児童生徒の家族構成、学習状況、趣味、健康状態、家族状況に加え、児童生徒がどのように感じ、考えているのかなど。
　　児童生徒が問題行動を行ってしまった場合には、その原因と背景を分析するとともに児童生徒の発達段階も考慮して検討していくことが大切です。
②　学級における人間関係づくり
　　学級・ホームルーム担任は、児童生徒の人間関係を調整し、よりよい集団づくりをしていくことが重要です。児童生徒が健全に発達するには、学級集団が健全に機能することが大切です。
　　児童生徒同士のあつれきからトラブルが生じた場合には、早い段階で話合い活動を進め、児童生徒の考えや気持ちを言葉でうまく伝えたり人の話を聞いたりする能力を高め、健全な人間関係づくりをしていく必要があります。
③　教育相談活動の充実
　　児童生徒は、成長の途上にあるため、学習、身体、家族、友人

関係、将来についてなど様々な悩みや不安をもっています。学級・ホームルーム担任は、定期的な教育相談をはじめ、日常の学校生活の中で、児童生徒の不安や悩みに耳を傾けるなど、積極的な関わりをもつことが大切です。

④　規範意識の醸成

「社会で許されない行為は、学校でも許されない」という基本的な方針の下、児童生徒の発達段階を踏まえ、児童生徒及び保護者に「暴力は絶対に許さない」など、明確なメッセージを発信する必要があります。また、社会の一員としての責任と義務をしっかり伝え、児童生徒の自己指導能力を育てることが大切です。さらに、学級・ホームルーム担任は、学校教育のあらゆる場面において温かく粘り強く指導していくことが重要です。

2　「ゼロ・トレランス方式」による生徒指導

　本事例では、ゼロ・トレランス方式を取り入れ、規律を重視する学校経営が行われている学校での取組です。それでは、このゼロ・トレランス方式とはどのような生徒指導でしょうか？

　「ゼロ・トレランス方式」とは、直訳すると「寛容度ゼロ」です。軽微な違犯行為を放置すれば、より重大な違犯行為に発展するという、犯罪を防止する刑事政策の考え方である「割れ窓理論」に基づいています。

　『割れ窓理論による犯罪防止―コミュニティの安全をどう確保するか―』（G.L. ケリング・C.M. コールズ（著）、小宮信夫（監訳）、文化書房博文社、平成16（2004）年）は、ニューヨーク市の犯罪防止の経験に基づいて書かれたもので、著者は「『割れた窓ガラス』を放置しているような地域では、犯罪者は『犯罪を行っても見つからないだろう』『見つかっても通報されないだろう』と考え、安心して犯罪を行うため、違反行為に対する厳しい対応する必要がある」という考えです。

この考え方は、アメリカのクリントン政権以降に学校現場に導入されていきます。学校規律の違反行為に対するペナルティーのレベルを基準化し、これを厳格に適用することで学校規律の維持を図ろうとする考え方です。

　このような「ゼロ・トレランス方式」は、問題行動を行う児童生徒に対して一律に容赦なく指導する生徒指導と言えます。学校の教員は、心身の発達の異なる児童生徒を指導しています。一人ひとりの児童生徒の改善の可能性を無視するような指導方法は真の生徒指導とは言えません。このため、生徒指導に活用する場合には、慎重に取り扱う必要があります。

【参考文献】

「暴力行為のない学校づくりについて（報告書）」（暴力のない学校づくり研究会、平成23（2011）年7月）

『教育と法の狭間で〜法的アドバイスをもとにした実際の生徒指導事例60〜』
（梅澤秀監・黒岩哲彦、学事出版、令和元（2019）年）

Case7

対教師暴力
（小学生）

● ● ● ● ● ● ● ● ● ● ● ● ● ● ● ● ● ● ●

〈事例〉

1　背景

　小学校3年のA男は、単身赴任している父と看護師をしている母、未就学児の妹の4人家族です。

　小学校入学前の就学時検診の際、A男は多動傾向が目立ち、じっと座っていられないことなどから、校長はA男の母親に管轄の教育委員会での相談を勧めました。しかし、母親はそのことが受け入れられず、「特別な支援は必要ない」と強く主張し、A男は通常学級に入学しました。

　A男は、小学校2年になっても多動傾向が治まらず、授業中の離席や級友とのトラブルが多発しました。また、A男は教室で大暴れをすることがあり、保健室でクールダウンさせることも頻繁にありました。

　その都度、学級担任のB先生は、A男の母親に教育委員会での教育相談やスクールカウンセラーとの面談を勧めましたが、A男の母親はこれらを拒絶しました。同じ学級の児童の保護者からは、しばしばA男に子供が「叩かれた」「蹴られた」という訴えがあり、保護者の中には直接A男の母親に電話し、「家庭でしっかりと躾てほしい」と苦情を言うこともありました。毎学期に実施している全校児童対象の「いじめアンケート調査」でも、「困っていること」の項目に「A男がみんなの言うことを聞いてくれない」「A男が叩いてくる」などの複数の記述があり、

B先生が個別対応していました。さらに、いじめではないかという案件も複数ありましたが、「校内いじめ対策委員会」では、日常の些細なトラブルとして処理していました。

　B先生は、他の児童の保護者からの多くの苦情があるため、Ａ男の母親に来校してもらい様子を見てもらいました。しかし、母親が見ている前ではＡ男は暴れることはありませんでした。母親は「子供は家では乱暴なことはしない」「学校の指導に問題がある」「学校はうちの子を発達障害だと言いたいのか」と苦情を言い、学校への不信感も高まりました。

　このため、校長もスクールカウンセラーと一緒に授業観察を行い、Ａ男を含めた学級の様子を確認しました。スクールカウンセラーからは「Ａ男が離席したり他の児童とトラブルになったりしている」「学級全体が落ち着かない雰囲気にある」「若手のＢ先生が授業進行に苦慮している」などの様子が見られことから、Ａ男を含めた学級内で困っている子

供に対しての何らかの心理的な支援が必要であることなどの助言を受けました。また、Ｂ先生も疲弊しているようなので、Ｂ先生を支援する体制を検討する必要があるという助言も受けました。

　しかし、Ａ男の母親の理解と協力が得られないことから、学校としても個別指導計画や個別教育支援計画を作成することができず、新年度を迎えました。

2　事案の発生

　３年に進級するにあたり学級編制替えがあり、大柄な男性のＣ先生に担任が変わりました。Ａ男は少し緊張した面持ちで新学期を迎えました。しかし、翌週からは、学校生活の中での級友との小さなトラブルが始まりました。１・２年の頃は、Ａ男は体重も軽く、暴れた時には小柄なＢ先生でも動きを抑えることができましたが、Ａ男は３年になって体が一段と大きくなり、力も強くなっていました。

　４月２週目のある日、２時間目と３時間目の間の中休み時間に、Ａ男を含めた学級の十数人でドッジボールをして遊んでいました。その時、Ａ男はボールをパスしてくれなかったＤ男に対して大声で怒り、Ｄ男からボールを奪い取りました。そして、Ａ男は、怖くて逃げ出したＤ男の背中に向かってボールを投げつけ、Ｄ男の後頭部に当てました。この様子を見ていたＣ先生がＡ男に対して、「Ａ男、ダメだろう！」と強く言ったところ、Ａ男は興奮し、大声を出して暴れ出しました。Ｃ先生は落ち着かせようとしてＡ男の肩をつかみ抑えると、Ａ男は足のつま先でＣ先生の脛を複数回強く蹴りつけました。

指導の振り返り

①　事案発生直後の対応

　C先生は、近くにいた校庭の見守り担当の教員を呼び、二人で暴れるA男を落ち着かせました。そして周囲の子供に声をかけ、養護教諭を呼んで来てもらい、ボールをぶつけられたD男の様子を見てもらうよう頼みました。学年主任も騒ぎに気が付き駆け付け、C先生から概要を聞き、A男を別室に連れて行き、指導するよう指示しました。また、学年主任は、次の授業を他の教員で対応できるよう調整しました。

　C先生は、A男を教育相談室に連れて行き、落ち着くのを待ちました。A男の呼吸がゆっくりになってきたのを見計らって、C先生は「どうした？」「何が嫌だった？」と尋ねました。A男は「D男がパスをしてくれなかったのが嫌だった」と答えました。また、C先生が「それで何をしたの？」と尋ねると、A男は「D男にボールをぶつけた」と答えました。さらにC先生が「そのあと先生に何をしたの？」と尋ねると、A男は「分からない」と答えました。C先生は自分の脛の赤く腫れあがった部分を見せ、「先生の足を蹴ったよ」「D男もボールをぶつけられて痛かっただろうし、先生も足を蹴られて痛かった」と伝えました。そしてC先生が「今はどんな気持ちなの」と尋ねると、A男は「パスをしてもらえなくて嫌な気持ちだった」と小さい声で答えました。C先生は「嫌な気持ちになったのは分かったよ。でも相手にボールをわざとぶつけたり、相手を蹴ったりして、その人に痛い思いをさせるのはいけないことだよ。A男のやったことは暴力と言うよ。暴力をしてはいけないね」と

諭してから、一緒に教室に戻りました。

② チーム学校としての体制づくり

　副校長はＣ先生から報告を受けた後、校長と相談して、今日の対応について次の 5 点を決め、Ｃ先生に指示しました。

　Ｃ先生からＡ男の母親には、

① 　電話で本日の概況を連絡すること
② 　Ａ男を学童保育に迎えに来る際に職員室に立ち寄ってもらうこと
③ 　Ａ男の状況について直接説明すること
　また、Ｃ先生から学童保育の職員には、
④ 　本日の概況について情報提供すること
⑤ 　Ａ男が落ち着いて過ごせるよう配慮を依頼すること

　さらに、副校長は、生徒指導主任に次の 3 点を指示しました。

① 　本日臨時の生徒指導部会に学年主任とＣ先生を加えて開催すること
② 　スクールカウンセラーとスクールソーシャルワーカーの来校日を調整すること
③ 　教育委員会の指導担当部署に連絡し、臨床発達心理士の派遣を依頼すること

　放課後に学年主任とＣ先生を加えた臨時の生徒指導部会が開催され、本日の暴力行為等の詳細と別室でのＡ男の反応、Ａ男のこれまでの状況、母親の受け止めなどの情報を共有しました。また、今回の暴力行為については、これまでの経緯を見ても発達の特性に要因がある可能性が高いことから、改めて保護者の理解を得ることの必要性が確認されました。

母親と学校の関係が悪くなっていることも踏まえ、母親には父親とも話し合ってもらうよう提案してみることや、母親自身Ａ男が発達障害の可能性を指摘されることを恐れ、子育ての苦労を一人で抱え込んでいるのではないか、未就学児の妹もいることからＡ男の家庭環境も気がかりであることなどの意見が出されました。

　その結果、両親一緒に学校で状況を説明する機会を設けること、その際、心理的支援の必要性についてスクールカウンセラーから話してもらうこと、家庭環境への援助が必要であればスクールソーシャルワーカーに家庭訪問してもらうことなどの方針を確認しました。さらに保護者の了解を得た上で、教育委員会の臨床発達心理士にＡ男の学級の様子を観察してもらい、どのような場面でトラブルが発生し、予防するためにはＡ男やその他の児童にどのような働きかけが必要かなどの助言を得ることとしました。

❸　指導の実際

　学級担任のＣ先生は、スクールカウンセラーや教育委員会の臨床発達心理士と相談し、Ａ男に毎日家庭学習を出すことにしました。その内容は、漢字や計算などの学習に加え、自分の気持ちや考えたことなどを自由に書き、内面を見つめる機会を設けました。特に最初の１週間は今日の学校や家での出来事で困ったことなどがあれば書くよう指示しました。このことでＡ男にとっての生きづらさなどの困り感を探る機会となり、その対処方法について、Ｃ先生はＡ男に返事を書いたり、直接話したりしました。次の１週間では、Ａ男がうれしかったこと楽しかったことを中心に書くように指示しました。そうすることでＡ男の自己肯定感や学級内での自己有用感を育てていくようにしました。また、スクールカウンセラーによる心理教育を実施して、深呼吸をして落ち着く方法などを指導するとともに、学級内でのトラブルが起きた時の対処法について具体的に考えさせました。

④ 留意点

　幼稚園や保育園から小学校に入学すると、児童には規律ある集団行動が求められます。また、自分にとって気が合う児童以外に気が合わない児童とも1年間または2年間、同じ学級の仲間として学校生活を過ごすことになります。また、児童にとっては、教室という狭い空間の中で勉強をすること自体が大きなストレッサーとなる場合があります。小学校の頃は、社会性を学ぶ過程の中で、発達特性をコントロールすることが困難な成長段階です。当該児童の生きづらさなどの困り感に寄り添い、保護者の理解と協力を得ながら対応していくことが重要です。また、自分の行為がどのような結果となるのかを予想しにくい発達段階でもあることから、予期しない大怪我につながる場合もあります。小さなトラブルの段階で、人を叩いたり、蹴ったりするなどの暴力による解決法がいけないことを教え続けることが大切です。児童が、不適切な行動をした時には適時適切に指摘し、正しい行動の仕方を教えることが大切です。

　躾は、家庭に第一義的責任があります。しかし、保護者は、様々な要因から子育てに疲れていたり、困っていたりすることも多く見られます。学校は、スクールカウンセラーやスクールソーシャルワーカーなどの援助も活用しながら、当該児童とその保護者への支援にあたることが求められます。そのためにも学校は、まずは暴力行為をする子供についての専門家の意見も得ながら、丁寧にアセスメントやケース会議などを繰り返し実施して、当該児童の対応策や支援策を検討していくことが重要となります。

課題解決に導く基礎知識

1 暴力行為をめぐる生徒指導の3観点

　本事例では、近年増加傾向にある小学校での暴力行為の内容を取り上げています。暴力行為が起こる要因としては、児童生徒の成育、生活環境の変化、児童生徒が経験するストレスの増大などがあります。また、近年では、自己の感情を抑えられず、自分の考えや気持ちを言葉でうまく伝えられない児童生徒や他人の話を聞くことが苦手な児童生徒がいることなどが挙げられています。さらに、同じ児童生徒が暴力行為を繰り返す傾向も指摘されています。

　その背景には、規範意識や倫理観の低下、人間関係の希薄化、家庭の養育に関わる問題、あるいは映像等の暴力場面に接する機会の増加やインターネット・携帯電話の急速な普及に伴う問題、若年層の男女間における暴力の問題など、児童生徒を取り巻く家庭、学校、社会環境の変化に伴う多様な問題があると言われています。

　そこで、暴力行為について「未然防止」「早期発見・早期対応」「課題解決」の3観点から見ていきます。

2 暴力行為の未然防止

　「暴力行為の未然防止」では、前述した校長を中心とした校内指導体制を構築し、常に児童生徒や社会の変化に合わせて指導方針や指導マニュアルなどの見直しを図っていくことが大切です。また、正義感や公正さなどをテーマに取り入れた道徳教育の充実や児童生徒が直面している困難について正しく理解し、乗り越えることを目的とした心理教育などの取組をする必要があります。

　具体的には、「特別な教科道徳」や特別活動などの時間を活用して、

学級・ホームルーム担任や養護教諭、スクールカウンセラーなどの教職員が、暴力や非行をテーマとした授業を行うことや外部の講師による講話を行ってもらうことなどが考えられます。

　その際には、暴力行為は非行に当たり、場合によっては警察による捜査や調査、児童相談所による措置、家庭裁判所による処分などの対象になることを教えていく必要があります。児童生徒には、暴力行為を軽く考え、「こんなことになるとは思わなかった」と後悔することのないように自分の行動がどのような結果につながるのかを伝える必要があります。

　また、暴力を受けた人の影響についても理解させる必要があります。暴力を受けた人は、身体の痛みに加え、恐怖感、屈辱感、絶望感、無力感など様々な感情を抱くことになります。それらの感情は生涯にわたってその人を苦しめ、対人不信や社会不適応に陥らせてしまうこともあります。

　こうしたことから、学校は様々な機会をとらえ、暴力行為を未然に防止するための教育を推進していく必要があります。

3　暴力行為の早期発見・早期対応

　「暴力行為の早期発見・早期対応」では、日常の学校生活における児童生徒の観察や教職員間の情報交換などを行うことで、児童生徒の発するSOSに気付くことが大切です。

　暴力行為に至る事前段階としては、「うざい」「死ね」などの粗暴な言葉、相手を殴るような素振りやロッカーなどの備品を壊れない程度に蹴ったり、暴力を伴わないいじめをしたりすることが考えられます。これらの児童生徒の前兆行動を早期に発見し、全教職員で対応することが重要です。

　児童生徒の行動や、学校または学級全体の雰囲気を注意深く観察する

とともに、早期発見・早期対応のために必要に応じて気になる児童生徒のアセスメントを実施しましょう。アセスメントでは、気になる児童生徒についての発達面をはじめ学習面、進路面、健康面、心理面、交友面、家庭面などを多面的に見ていく必要があります。

　具体的には、次の 6 点が考えられます。

① 　学習面の遅れや進路の悩みが本人のストレスや自棄的な感情につながっていないか

② 　飲酒や薬物乱用などの問題が見られないか

③ 　自己中心的な偏った考え方に陥っていないか

④ 　学校や地域における交友関係のトラブルやいじめなどの問題がないか

⑤ 　家庭における大きなストレスや被虐待の問題がないか

⑥ 　発達障害等の障害を背景とした二次的な問題が起きていないか

　その際、本事例のように学年主任と学級・ホームルーム担任、スクールカウンセラー、スクールソーシャルワーカーなども含めた既存の生徒指導部会などを活用して、対応することが大切です。

　暴力行為の早期対応では、児童生徒の話をよく聴くということが大切です。教職員の先入観や偏見をもたずに真摯に児童生徒の話を聴こうとする姿勢が、児童生徒の気持ちを落ち着かせ、自ら成長へとつながる本来の力を取り戻すことにつながります。これまで粗暴な言葉や行動でしか表わせなかった子供の本心である SOS を適切な方法で表現できるようになる場合もあります。

　児童生徒の話をよく聴いた上で、指導や支援が必要な場合には、学習支援や進路指導の強化、保護者への働きかけ、児童生徒間の関係の修復などの調整、関係機関への相談、医療や福祉へのつなぎなど、を行っていくことが大切です。

　特に保護者との協力は重要です。本事例では、母親が子供の問題を認めたがらないため協力が得られない状況がありました。このような場合

には、父親にアプローチすることも重要となります。学級・ホームルーム担任が一人で抱え込むことなく、生徒指導部会の会議やアセスメントなどの情報を基に、学年主任と一緒に両親に状況を説明し、理解を得て共に指導・支援に当たることができるよう粘り強く対応していくことが大切です。また、本事例の母親のように子育てに不安を抱いていたり、疲れていたりする場合も多々あります。このような保護者への支援も忘れないようにする必要があります。

4 暴力行為の課題解決

「暴力行為の課題解決」では、学校だけで抱え込むことなく保護者、地域、関係機関等と連携して解決を図っていくことが重要です。その際には、小学校や中学校などの義務教育段階では、十分な教育的配慮の下で、対教員や児童生徒間の暴力行為、施設・設備の毀損・破壊行為、授業妨害等など、暴力行為の状況によっては出席停止の措置を講ずることも検討する必要があります。また、高等学校段階も同様に、法的な懲戒など、毅然とした処分や措置を検討することが求められます。

【懲戒と出席停止】
●学校教育法第11条(懲戒)
校長及び教員は、教育上必要があると認めるときは、文部科学大臣の定めるところにより、児童、生徒及び学生に懲戒を加えることができる。ただし、体罰を加えることはできない。
●学校教育法施行規則第26条(懲戒の事由)
校長及び教員が児童等に懲戒を加えるに当つては、児童等の心身の発達に応ずる等教育上必要な配慮をしなければならない。
② 懲戒のうち、退学、停学及び訓告の処分は、校長が行う。
③ 前項の退学は、市町村立の小学校、中学校、併設型中学校、若

しくは義務教育学校又は公立の特別支援学校に在学する学齢児童
又は学齢生徒を除き、次の各号のいずれかに該当する児童等に対
して行うことができる。

一　性行不良で改善の見込がないと認められる者

二　学力劣等で成業の見込がないと認められる者

三　正当の理由がなくて出席常でない者

四　学校の秩序を乱し、その他学生又は生徒としての本分に反した
者

④　第二項の停学は、学齢児童又は学齢生徒に対しては、行うこと
ができない。

(注：筆者で分かりやすく加工している。)

●学校教育法第35条

市町村の教育委員会は、次に掲げる行為の一又は二以上を繰り返し
行う等性行不良であつて他の児童の教育に妨げがあると認める児童
があるときは、その保護者に対して、児童の出席停止を命ずること
ができる。

一　他の児童に傷害、心身の苦痛又は財産上の損失を与える行為

二　職員に傷害又は心身の苦痛を与える行為

三　施設又は設備を損壊する行為

四　授業その他の教育活動の実施を妨げる行為

②　市町村の教育委員会は、前項の規定により出席停止を命ずる場
合には、あらかじめ保護者の意見を聴取するとともに、理由及び
期間を記載した文書を交付しなければならない。

③　前項に規定するもののほか、出席停止の命令の手続に関し必要
な事項は、教育委員会規則で定めるものとする。

④　市町村の教育委員会は、出席停止の命令に係る児童の出席停止
の期間における学習に対する支援その他の教育上必要な措置を講
ずるものとする。

さらに、犯罪行為の可能性がある場合には、学校だけで抱え込むことなく、直ちに警察に通報するなど、毅然とした対応をとる必要があります。

小学校、中学校の児童生徒に対する出席停止は、懲戒行為ではなく、学校の秩序を維持し、他の児童生徒の教育を受ける権利を保障する措置であることを理解した上で、暴力行為等の問題行動を繰り返す児童生徒に対しては出席停止制度を活用することも視野に入れておくことが必要です。

文部科学省の令和4年度の「児童生徒の問題行動・不登校等生徒指導上の諸課題に関する調査」の結果によれば、出席停止の措置を受けた児童生徒は、図3の通り減少傾向です。

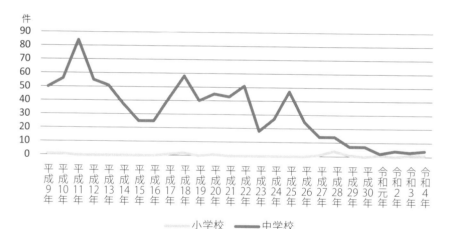

図3　小学校と中学校の出席停止件数の推移

また、小学校の理由別推移では、図4の通りで、近年では「暴力行為」や「授業妨害」による出席停止の措置が行われています。

また、中学校の理由別推移では、図5の通りで、「対教師暴力」や「授業妨害」による出席停止の措置が多く行われていますが、近年は減少傾向となっています。

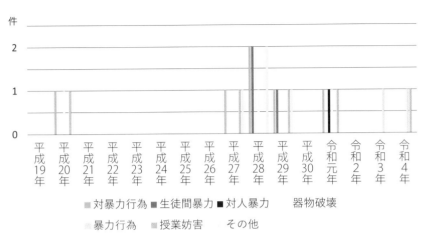

図4　小学校の理由別件数の推移

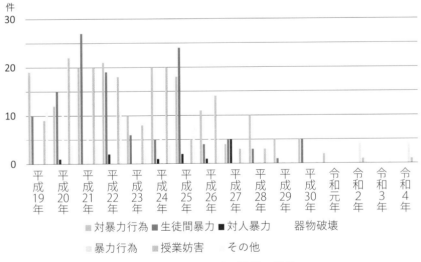

図5　中学校の理由別件数の推移

出典：令和3年度 児童生徒の問題行動・不登校等生徒指導上の諸課題に関する調査結果
（文部科学省、令和4（2022）年10月）より、執筆者が作成

この出席停止を講じるための前提は、学校が児童生徒に対して指導を継続しても改善が見られず、正常な教育環境を回復する上で必要であると市町村教育委員会が判断した場合です。その際には、学校は出席停止にした児童生徒が学校へ円滑に復帰できるよう学習支援をはじめ教育上必要な方策を行うことになります。管轄の市町村教育委員会や都道府県教育委員会のサポートを受けながら、警察、児童相談所、保護司、民生・児童委員等の関係機関の協力を得て、該当の児童生徒の指導と支援をしていくことになります。

【参考文献】
『生徒指導提要』（文部科学省、令和4（2022）年12月）
「出席停止制度の運用の在り方について（通知）」（初等中等教育局長、平成13（2001）年11月）

Chapter 3

自殺

Case8

意見のすれ違いから
自死に至る（高校生）

● ● ● ● ● ● ● ● ● ● ● ● ● ● ● ● ●

〈事例〉

　高校１年生のＡ男、Ｂ男は生徒会役員として気概をもって学校生活を送っていました。２年に進級し、新生徒会長を決めるにあたり１年次に生徒会役員を経験している二人は生徒会長候補となりました。

　生徒の中では、人望が厚いＡ男が生徒会長に適任であるという声が多くありました。一方、目立たないが何事にも真面目に取り組むＢ男を生徒会長に推す声もありました。生徒会担当教員のＣ先生は、生徒会役員との話し合いを行い、Ｂ男を生徒会長候補としました。その後、生徒総会でＢ男を生徒会会長に正式に決め、生徒会活動がスタートしました。

　しばらくするとＡ男は生徒会全体の運営方法について疑問をもち、その課題点についてＢ男に幾度となく指摘し、改善を求めるようになりました。

　困ってしまったＢ男はＣ先生に生徒会運営について相談をしました。Ｂ男は「自分は一生懸命やっている。Ａ男から指摘を受け辛い。これはいじめではないか」というものでした。Ｃ先生はＢ男の訴えを聴きましたが、Ａ男の言っていることにも一理あると感じました。そこで「新しい生徒会活動は始まったばかりなので、焦らずやろう」「Ａ男ともよく話し合っていこう」と助言しました。

　数日後、Ｂ男は「息苦しい」と訴え、学校を欠席しました。心配した担任のＤ先生はＢ男に電話をして本人の状況を確認するとともに、Ｂ男の母親からも子供の様子を聞き「息子が生徒会のことで悩んでいる」こ

とを知りました。そこで、D先生は改めてB男に体調や生徒会活動のことを尋ねましたが、B男は「大丈夫です」というだけでした。

　この時点では、生徒会内やB男の状況については学校全体で共有されていませんでした。翌日、B男は朝食を食べ、制服に着替え、いつも通りに家を出ました。そして、その直後にB男は自宅近くのビルから飛び降り、自死しました。

指導の振り返り

① 事実の把握（背景調査）

　B男の自死が確認された後、すぐに校長は弔問のため自宅を訪問しました。B男の母親からB男が自分の気持ちを記したノートがあることを知らされ、見せてもらいました。ノートには「頑張っているのに、失敗続きだ。死にたい」と記されていました。

　校長はB男の保護者から「学校で何があったのか知りたい」「在校生へは自殺したことは言わないでほしい」と要望されました。

　翌日、校長は「学校いじめ対策委員会」を開催し、本件をいじめ重大事態として扱い、全生徒対象の「いじめアンケート」の実施と教職員からの聴き取り調査を行うことにしました。また、B男の保護者からの要望を受け、生徒会役員からの聴き取りも実施しました。

　これらの調査から「A男とB男が生徒会活動の充実のために日頃から議論していたこと」なども含め、B男が生徒会長として真摯に取り組んでいたことを保護者に伝えました。

　B男の保護者からは、調査をすぐに行ってもらい、子供が生徒会長として頑張っていたことを知り、感謝と今後の生徒会の運営について生徒会役員の皆で話し合い、よりよい生徒会活動を行ってほしいと要望されました。

　後日、校長は、生徒会役員と生徒会運営全般について話し合いの場を設け、その中でB男の思いと人との接し方などについて語りました。生徒会役員もB男が生徒会長として生徒会活動を頑張っていたこと、A男

をはじめ皆が心を痛めていることなどが話されました。

　校長はB男の保護者にこれらのことを伝えました。B男の保護者は安堵の表情を見せ、特にA男の心のケアを行ってほしいと気遣ってくれました。また、校長が今回の件を「いじめ」として継続して調べていくことを伝えたところ、「いじめではないと思う。皆が生徒会活動に熱心だったことがよく分かった。調べてくれて感謝する」と言われ、これ以上の調査は必要ないとの発言があり、学校としては調査を終了することとしました。

　後日、A男を含め生徒会役員全員でB男の自宅を訪れご焼香を行い、B男の保護者から子供のためにも一生懸命高校生活を送ってほしいとの話がありました。

❷　遺族、関係生徒とその保護者への対応

　校長は今回の生徒の自死に対して、遺族や関係生徒の心情に留意して対処しました。B男の遺族には学校の姿勢を丁寧に説明し、要望等に真摯に向き合い対応しました。その一方で、A男が自責の念に駆られることのないよう注意を払いました。

　校長はリーダーシップを取り、学校が組織として対応できるよう情報を整理し、今後の方向性を早期に決定し全教職員で対応の共有化を図りました。

　また、全生徒対象のアンケートの実施や生徒会役員の面談を行う際には、B男の保護者からの「自死したことは伏せてほしい」という要望に留意しました。具体的には、生徒への質問事項の作成にあたり、臨床心理士に相談するとともに、細かな文章表現等を含めB男の保護者に確認してもらい了解を得て実施しました。

　また、A男の面談では、A男の保護者にも状況を説明し、了解を得るとともに今後の方向性を説明して、見守りも依頼しました。

　A男の面談は教員と臨床心理士とがペアで行い、面談後もスクールカ

ウンセラーとの対話の時間を定期的に設け、下校時には保護者の協力を得るなどの継続的なＡ男の心のケアに取り組みました。

　また、Ｃ先生やＤ先生に対しては、個々の場面でどのような生徒指導が適切であったか振り返る機会を設定しました。

　その後、臨床心理士を招き、教職員全員で事故対応に関する研修を実施し、思春期の子供の心理、自死の兆候と未然防止、いじめ防止対策推進法についての理解を深め、全教職員で校内総点検を行いました。

課題解決に導く基礎知識

1 自殺の現状

（1）自殺者総数の推移

　我が国の自殺者数の推移は、厚生労働省の「令和4年版自殺対策白書」によれば、昭和58（1983）年及び昭和61（1986）年に2万5千人を超えたものの、平成3（1991）年に2万1,084人まで減少し、その後2万人台前半となりました。しかし、平成10（1998）年は前年から8,472人と大幅に増加して3万2,863人、平成15（2003）年は昭和53（1978）年の統計開始以来最多の3万4,427人と深刻な状況となりました。

　このため、平成18（2006）年に「自殺対策基本法」が成立し、自殺予防は社会全体で取り組むべき課題であると位置付けられました。このことにより、様々な取組が進められ、その後自殺者数は減少に転じ、平成24（2012）年まで3万人を超え続けてきた自殺者数が令和元（2019）年には最少の2万169人となりました。しかし、令和2（2020）年には11年ぶりに総数が増加に転じて2万1,081人、令和3（2021）年は2万

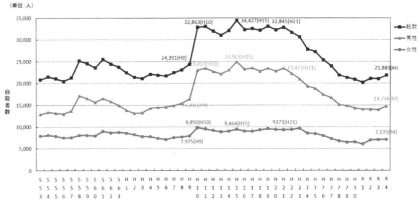

図6　警察庁「自殺統計データ」より厚生労働省作成

1,007人、令和4（2022）年は2万1,881人と微増減しています。

（2）児童生徒の自殺者数の推移

　全体の自殺者数は一時期の3万人台から2万人台に減少しています。一方、小学生、中学生、高校生（以下「児童生徒」と言う。）の自殺者は減少傾向がみられず、平成28（2016）年から増加となっています。令和3（2021）年は減少したものの、平成20（2008）年以降の児童生徒の自殺者数は年間300人から500人の間で推移しています。

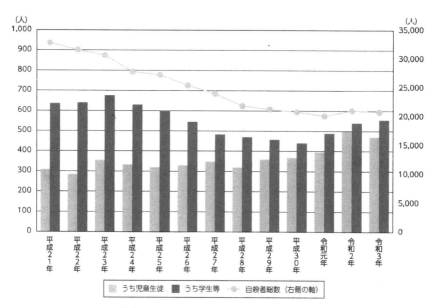

図7　警察庁「自殺統計データ」より厚生労働省作成

　また、児童生徒の平成21（2009）年から令和3（2021）年までを対象に累計した月別の自殺者数をみると、「8月」「9月」「1月」の順に多いことが分かります。このため、夏季休業期間の前後や冬季休業期間後に児童生徒への心の教育を推進していくことが大切と言えます。

（3）児童生徒の自殺の原因・動機

　児童生徒の平成21（2009）年から令和3（2021）年を対象に累計した自殺の原因・動機を学校種別、男女別に見てみると次のようなことが分かります。

　「小学生」と「中学生」では、自殺の原因・動機において「不明」の割合が高く、特に男子は女子よりもその割合が高くなっています。

　「小学生」では、「不明」を除くと「家庭問題」を原因・動機とする割合が高く、男子（64人）のうち35.9％、女子（60人）のうち38.3％が該当しています。その具体的な内容は、男女ともに「家族からの躾・叱責」の割合が高く、女子は「親子関係の不和」がこれに次いで高くなっています。

　次に原因・動機として割合の高いのは「学校問題」で、男子の21.9％、女子の21.7％が該当しています。その具体的な内容は、男女ともに「その他学友との不和」の割合が高くなっています。

　「中学生」では、「不明」を除くと「学校問題」を原因・動機とする割合が高く、男子（823人）のうち31.0％、女子（511人）のうち38.6％が該当します。その具体的な内容は、男子は「学業不振」、女子は「その他学友との不和」の割合が高くなっています。

　次に原因・動機として割合の高いのは「家庭問題」で、男子の19.8％、女子の26.0％が該当します。その具体的な内容は、男子は「家族からの躾・叱責」、女子は「親子関係の不和」の割合が高くなっています。

　「高校生」では、自殺の原因・動機として、男子は「学校問題」の割合が最も高く、男子（2,076人）のうち35.6％が該当しています。その具体的な内容は、「学業不振」と「その他進路の悩み」の割合が高くなっています。次に「不明」を除くと「健康問題」の割合が高く、15.5％が該当します。

　女子では、「健康問題」を原因・動機とする割合が最も高く、女子（1,160人）のうち31.8％が該当しています。その具体的な内容は、「う

つ病」及び「その他の精神疾患」の割合が高くなっています。次に「学校問題」の割合が高く、27.9%が該当しています。

2 自殺の危機への対応

　ここでは、子供に自殺の危険が迫っている時の対応について文部科学省の「教師が知っておきたい子どもの自殺予防」（平成21年）をもとに見ていきましょう。

　教員は、日頃から子供を注意深く見守り、子供が発しているサインを見逃がさないようにすることが重要です。そのためには、教員と子供の間に信頼関係を育んでいく必要があります。教員と子供との間に信頼関係がないと子供は心のSOSを出すことができません。子供が表す変化の背景にどのような意味があるのかをよく観察し、理解するようにしていく必要があります。その第一歩は、教員から積極的に気になる子供に話しかけをしていくことです。

　教員は、子供から「死にたい」などと言われると、自身が不安になり、子供の気持ちを否定したくなります。「大丈夫、頑張れ」などと安易に励ましたり、「死ぬなんて、馬鹿なことを考えないで」などの言葉をかけたりしがちです。しかし、それではせっかく開きはじめた子供の心が閉ざされてしまいます。そこで、自殺の危険が高まった子供への対応として表5に示した「TALKの原則」がありますので、活用してみましょう。

表5　TALK の原則（自殺の危険が高まった子供への対応）

Tell	言葉に出して心配していることを伝える。 例）「死にたいくらい辛いことがあるのね。とってもあなたのことが心配だよ」
Ask	「死にたい」という気持ちについて、率直に尋ねる。 例）「どんなときに死にたいと思ってしまうの？」
Listen	絶望的な気持ちを傾聴する。 　死を思うほどの深刻な問題を抱えた子供に対しては、子供の考えや行動を良し悪しで判断するのではなく、そうならざるを得なかった、それしか思いつかなかった状況を理解しようとしましょう。 　そのことで、子供との信頼関係も強まります。徹底的に聴き役にまわれば、自殺について話すことは危険ではなく、予防の第一歩になります。 　これまでに家族や友達と信頼関係をもてなかった経験から助けを求めたいのに、救いの手を避けようとしたり拒否したりするなど、矛盾した態度や感情を表す子供がいます。 　不信感が根底にあることが多いので、そういった言動に振り回されて一喜一憂しないようにすることも大切です。
Keep safe	安全を確保する。 　危険と判断したら、まず一人にしないで寄り添い、他からも適切な援助を求めるようにします。

出典：「教師が知っておきたい子どもの自殺予防」から作成（平成21年３月、文部科学省）

Case9

前兆のない自死
（高校生）

・・・・・・・・・・・・・・・・・・

〈事例〉

　Ａ男は中学時代から友人も多く様々なことに興味関心を示す活動的な生徒でした。中学での成績や出席状況も良好で希望する地元の公立高校に入学しました。入学してから５月末日までの間、遅刻はなく体調不良で１日欠席しただけでした。

　学校が実施した４月のスクールカウンセラーによる生徒との全員面接において、Ａ男は「学校生活が楽しい。入学して良かった」「将来は看護師になりたい」など夢を語っていました。さらに全校生徒に行った学校生活アンケートにも特に気になる記載はありませんでした。周囲の教職員から順調な高校生活を送っていると思われていましたが、そのような矢先の６月初旬に、Ａ男は自宅マンションから飛び降り、死亡しました。

　当時、世界中を震撼させた新型コロナウイルス感染症の対策で日本の多くの学校では休校日となり、自宅でのオンライン学習を中心とした学習活動を行っていました。Ａ男の高校でも事故当日は一斉オンライン授業を行っており、Ａ男も自宅での授業に参加した後に事故が起きました。

指導の振り返り

❶ 自死した生徒の保護者への対応

　校長はＡ男が亡くなった後、すぐにいじめの有無を確認するために「学校いじめ対策委員会」と職員会議を開催し、教職員に対して詳細な調査を実施するよう指示をしました。一方で、弔問のためＡ男の自宅を訪問し、今後の学校の方針を説明しました。保護者からは「遺書などもなく、なぜ自死したのか分からない」「病気で亡くなった」ことにしてほしいなどの要望がありました。

　担任は、コロナ禍での生徒の心身の状況を心配し、「タブレット端末を活用して相談したいことがあれば、いつでも相談してほしい」と生徒に呼びかけていました。しかし、Ａ男からは一度も相談のメッセージ等はありませんでした。また、担任はＡ男の自死後に保護者の了解を得て施錠されていたＡ男のロッカーを開け、荷物等を確認しましたが、自死に至る原因等は分かりませんでした。さらに全生徒対象のアンケート調査においても、他の生徒からＡ男に関わる情報や自死の前兆などについての記載は一切ありませんでした。

　校長は、ここまでの調査結果を保護者に説明したところ、保護者から「家でも思いあたる事がない」「友達もでき、学校生活を楽しんでいたのに」「これ以上の調査は必要ない」「そっとしておいてほしい」と言われました。

❷　他の生徒とその保護者への対応

　学校はＡ男が亡くなったことを全体集会で伝えるとともに、教育委員会と連携して臨床心理士やスクールカウンセラーを派遣してもらい、他の生徒の心のケアに当たりました。生徒の中には涙ぐむ生徒もいましたが、混乱なく全校集会を終えました。

　また、Ａ男のクラスの他の生徒の保護者には、保護者会を実施し、保護者会を欠席した保護者には担任をはじめ学年の教員が直接電話をして経緯を説明しました。さらに子供が動揺するようなことがあれば、遠慮なく学校に連絡してほしいことや家庭での見守りを依頼しました。

❸　SOS の出し方教育の実施

　その後、学校は命を大切にする教育や心の健康を保持する教育を行うとともに「生徒に現在起きている危機的状況や今後起こり得る危機的な状況に対応するための適切な『援助希求行動（身近にいる信頼できる大人に SOS を出す）』ができるようにすること」「身近にいる大人が『援助希求行動』を受け止め、支援できるようにすること」を目的に「SOSの出し方教育」を行うことにしました。

課題解決に導く基礎知識

1 自殺の原因とその対応

（1）自殺の原因

　私たち教員をはじめ大人は、子供の自殺の原因を限定的にとらえないことが大切です。一般的に自殺の直接のきっかけとなったことが原因として扱われがちですが、自殺を理解するためには様々な要因が複雑に重なっていることに目を向ける必要があります。

　例えば、「教師にできる自殺予防―子どものSOSを見逃さない―」（高橋聡美著）によれば、進路指導の翌日に生徒が自殺した時、進路指導をした教員が原因のように扱われることがありますが、進路問題には、①進路に関する親との希望の相違、②経済的な問題、③同級生との葛藤、④兄弟姉妹との比較、⑤発達障害や学習障害など、様々な要因が絡んでいると指摘しています。

　子供の自殺では、本事例のように遺書が残されていないことが多いため、原因が分からないことが少なくありません。また、大人から見ると考えられないような些細なことが原因となっていることもあります。

（2）子供の「死にたい」と思う心理

　このように子供が「死にたい」と思う原因は一つではなく、日々のちょっとした困りごとや生きづらさなどの蓄積によって起こると言えます。

　具体的に見てみると、「親から叱られた」「親の仲が悪い」などの〈家庭問題〉、「友達とけんかした」「テストで悪い点を取った」などの〈学校問題〉などから生きづらさを感じ、自分で昇華することができずに苦しんでいきます。さらには「寝られない」「食べられない」、「イライラする」などの〈健康問題〉を引き起こします。

本事例では突然自殺に至っているように見えますが、子供は長い時間をかけて徐々に危険な心理状態に陥っていると考えられます。子供の「死にたい」と追いつめられていく心理について表6に示しましたので、参考にしましょう。

表6　子供の「死にたい」と思う心理

①ひどい孤立感	・誰も自分のことを助けてくれるはずがない。 ・居場所がない。 ・皆に迷惑をかけるだけだ。 　としか思えない心理に陥ってしまう。 　現実には多くの救いの手が差し伸べられているにもかかわらず、上述のような考えにとらわれ、頑なに自分の殻に閉じこもってしまう。
②無価値感	・私なんかいない方がいい。 ・生きていても仕方がない。 　といった考えが拭い去れなくなってしまう。 【典型的な例】 　幼い頃から虐待を受けてきた子供 　愛される存在としての自分を認められた経験がないため、生きている意味など何もないという感覚にとらわれてしまう。
③強い怒り	・自分の置かれている辛い状況をうまく受け入れることができない。 ・やり場のない気持ちを他者への怒りとして表してしまう。 　何らかのきっかけで、その怒りが自分自身に向けられた時、自殺の危険が高まってしまう。
④苦しみが永遠に続くという思いこみ	自分が今抱えている苦しみはどんなに努力しても解決せず、永遠に続くという思いこみにとらわれて絶望的な感情に陥ってしまう。
⑤心理的視野狭窄	自殺以外の解決方法が全く思い浮かばなくなる心理状態になってしまう。

出典：「教師が知っておきたい子どもの自殺予防」のマニュアルから作成（平成21年3月、文部科学省）

（3）自殺の危機が迫っている子供

　教員は子供が「死にたい」と追いつめられていく前に、その危険性に気付くことが大切です。そのためには、どのような子供に自殺の危険が迫っているかを知る必要があります。

　文部科学省の「教師が知っておきたい子どもの自殺予防」では、自殺の危険因子として表7のようものがあるとしています。このような因子が数多くみられる子供には潜在的に自殺の危険が高いと言われています。

　担任をはじめ教職員は、子供にこれらの危険因子がないかなど、注意深く複数の目で観ていくことが重要です。

表7　自殺の危険因子

①自殺未遂	・風邪薬などの余分な服用　・手首自傷（リストカット）　など
②心の病	・うつ病　・統合失調症　・パーソナリティ障害　・薬物乱用 ・摂食障害　など
③安心感のもてない家族環境	・虐待、過保護・過干渉などの親の養育態度　・頻繁な転居 ・兄弟姉妹間の葛藤　など ⇒家庭に居場所がない子供
④独特の性格傾向	・未熟・依存性　・極端な完全癖　・二者択一思考　・衝動性 ・マイナス思考　・抑うつ的　・自己破壊傾向　など
⑤喪失体験	・離別　・死別（特に自殺）　・失恋　・病気　・けが ・急激な学力低下　・予想外の失敗　など ⇒安易に励まさない。子供立場で考える。
⑥孤立感	・友達とのあつれき　・いじめや無視　など ⇒不安を隠そうと元気そうに振舞う。
⑦安全や健康を守れない傾向	最近、事故やけがを繰り返す ⇒無意識的な自己破壊の可能性がある。

出典：「教師が知っておきたい子どもの自殺予防」（平成21年3月、文部科学省）から作成

（4）子供の自殺直前のサイン

　表7に示した自殺の危険因子が多く見られる子供が普段と違った顕著

な行動の変化が現れた場合には、自殺直前のサインとしてとらえていく必要があります。特に小学校低学年までの子供では、言葉ではうまく表現できない場合が多くあります。学級担任はこれらの子供の態度に現われる微妙なサインを見逃さないようにしましょう。

　表 8 には主な「自殺直前のサイン」を示しました。これらの子供のサインに気付き、自殺の危険を早い段階で察知し、適切な対応につなげる必要があります。

表 8　自殺直前のサイン

①　これまでに関心のあった事柄に対して興味を失う。	⑩　自分より年下の子供や動物を虐待する。
②　物事に注意が集中できなくなる。	⑪　学校に通わなくなる。
③　いつもなら楽々できるような課題が達成できない。	⑫　友人との交際をやめて、引きこもりがちになる。
④　成績が急に落ちる。	⑬　家出や放浪をする。
⑤　不安やイライラが増し、落ち着きがなくなる。	⑭　乱れた性行動に及ぶ。
⑥　投げやりな態度が目立つ。	⑮　過度に危険な行為に及ぶ、実際に大怪我をする。
⑦　身だしなみを気にしなくなる。	⑯　自殺にとらわれ、自殺についての文章を書いたり、自殺についての絵を描いたりする。
⑧　健康や自己管理がおろそかになる。	
⑨　不眠、食欲不振、体重減少などの様々な身体の不調を訴える。	

出典：「教師が知っておきたい子どもの自殺予防」のマニュアル（平成21年 3 月、文部科学省）から作成

2　自殺の危険が高まった場合や自殺未遂への対応

　自殺の危険が高まった場合や自殺未遂への対応の流れについて表 9 に示しますので、参考にしましょう。

表 9　自殺の危険が高まった場合や自殺未遂への対応の流れ

```
┌─────────────────────────────┐   ┌─────────────────────┐
│ 自殺の危険に気付く            │   │ 自殺未遂が起きる       │
│ 例：遺書を残して行方不明      │   └─────────────────────┘
│     深刻な自傷行為            │
│     保護者から自殺の危険の連絡など│
└─────────────────────────────┘
```

☞当該児童生徒の担任、学年主任、生徒指導主事、教育相談主任、養護教諭への連絡
☞保護者への連絡
☞校長への報告　☞　校長から教育委員会への第一報（状況報告）

・多方面から情報を集める。
・事実と推測、判断を区別する。
・状況をまとめ、以後の対応経過を記録する。

「危機対応チーム」の招集
メンバー：校長を含む管理職、生徒指導主事、教育相談主任、学年主任、保健主事、養護教諭、スクールカウンセラー　など
① 緊急ケース会議の実施：上記メンバー＋問題の発見者＋学級担任
　　☞　当該児童生徒の状況把握
　　☞　自殺の危険性についての協議
　　☞　影響を受ける可能性のある子供のリストアップ　など
② 保護者との連携（情報共有と相談）
③ 外部への対応の一本化
④ 具体的対応策の決定
　　☞　関係教職員の役割確認
　　☞　「誰が、何を、いつ」するのかを決定
　　☞　捜索が必要な場合の警察との連携
　　☞　必要に応じ学校医や医療機関との連携　など

・このまま手を打たなければ、どんな問題が起こりうるか」と考える。
・不測の事態を想定した対応方針を用意する。
・状況をまとめ、以後の対応経過を記録する。

臨時職員会議　☞　教職員間での情報と理解の共有
教育委員会への連絡（必要があれば支援を要請）

対応の経過の確認と評価（場合によっては、対応方針と対応策の見直し）

活動終了までの記録の整理
臨時職員会議　☞　教職員間での全体経過についての確認
教育委員会への報告

出典：「教師が知っておきたい子どもの自殺予防」のマニュアル（平成21年 3 月、文部科学省）から筆者が改編

Case10

自殺防止への取組
（中学生）

• • • • • • • • • • • • • • • • • •

〈事例〉

　A子は中学に入学して、バスケットボール部に入部し、学習にも力を入れ、充実した学校生活を送っていました。夏の公式戦が近くになり、A子は人一倍練習に励み、1年生ながら練習試合に選手として出場できるようになりました。しかし、A子は6月の練習試合で多くのミスをしてしまい、十分な活躍ができませんでした。他の部員からもミスについてきつく指摘されました。さらに同級生の部員から「同じ1年生なのに、ちょっとバスケがうまいから調子に乗っている」など、影口を言われ、次第に無視されるようになりました。

　A子は6月下旬頃から部活動に参加しないようになり、学校も休みがちになりました。学級担任のB先生はA子の欠席が多いことを心配し、A子に声をかけましたが「大丈夫」というだけでした。その数日後、養護教諭のC先生から「A子の手首に自傷行為の痕がある」との連絡がありました。すぐにB先生はこれらの状況を校長に報告しました。

　報告を受けた校長は、すぐに専門家を含めた「校内危機対応チーム」を設置し、A子がなぜ自傷行為するのかの原因について調査をしました。その結果、A子は選手として思うように活躍できないことや部活動の同級生から無視されていることなどが原因で心を痛めていることが分かってきました。そこで、校長はバスケットボール部の顧問を「校内危機対応チーム」に加え、対応策を検討しました。顧問は検討した対応策に基づき、部員全員に対して部活動の運営方針を再確認するとともに部員と

しての心構えなどについて考えさせ、どのように行動すべきかを指導しました。また、定期的に部長を中心に話し合いをする場を設けるなどして、継続的に指導を行いました。部員は仲間を理解し合うことやチームプレイの大切さに気付き、行動するようになりました。現在は部員同士の気持ちを一つにして練習に励んでいます。

　校長は、今回のことで生徒が生きづらさを感じた時の対応の必要性を知り、教員一人ひとりが生徒の自殺予防についての正しい知識を身に付け、自殺などの危険な事態が起きないように日頃から学校として準備しておくことが必要であると感じました。そこで、校長は教員個々の生徒への対応力の向上と校内の生徒指導体制全般を点検するよう関係校務分掌の主任教員に指示を出しました。さらに、生徒や教員が「子供が現在起きている危機的状況や今後起こり得る危機的状況に対応するために身近にいる信頼できる大人に SOS を出すことができるようになること」「身近にいる大人がそれを受け止め、支援ができるようにすること」などについて、生徒が学習する機会が必要と考え、「SOS の出し方教育」を実施することにしました。

指導の振り返り

❶ 「SOS の出し方教育」の推進

　学校では生徒指導主任教員を中心に、生徒の「SOS の出し方教育」について調べ検討しました。その結果、生徒の自殺を防止していくためには、次の 3 点の視点が重要であることが分かりました。

① 命の大切さを実感できる教育をすること
② 心の健康の保持に係る教育をすること
③ 様々な困難やストレスへの対処方法を身に付けること

　特に③にかかわる指導については、教員相互で指導方法や対応方法などについて様々な意見があり、これまで十分にできていませんでした。生徒指導部では生徒への「SOS の出し方教育」の実施に向けて、まず教員間での共通理解を図ることが重要であると考え、校内での教員研修を実施することにしました。

❷ 教員研修の実施

　生徒指導部は、「SOS の出し方教育」に関する校内研修等を実施して、目的と内容についての共通理解を図りました。また、教員一人ひとりが生徒から相談を受けた時の受け止め方について考えを深め、日常の教育活動の中で実践できるように工夫しました。具体的には、個々の教員がこれまで対応した事例や校内で実際に見られた事象を集め、ケーススタディ研修として実施しました。

【ケーススタディ研修の概要】

① 時間：集中して効果的に行うために1事例20分程度で実施

② 方法：事例をもとにグループワーク

③ 具体的な流れ

活動	留意点等
研修の目的を理解する。	子供にとってSOSを出しにくい実情があること、子供が安心して相談できるようにするためには、子供の不安や悩みに対して、全ての教職員が、いつでも相談に応じる体制が大切であることを理解する。 【活用資料】 ① 自殺総合対策大綱（令和4年10月閣議決定） ② SOSの出し方に関する教育を推進するための指導資料（東京都教育委員会）
子供から相談を受けた場面を想起し、受け止め方について考える。	校内で実際に起きた事例を設定する。 【ポイント】 ① どのように言葉かけするか個人で考える。 ② 二人一組で子供役と先生役でロールプレイを行う。 ③ 子供役は先生役からかけられた言葉を聞いてどう感じたか、伝え合う。
子供のSOSの受け止め、支援するために必要なことについて教員間で共通理解を図る。	① 効果的な言葉かけについて確認する。 ② 子供が安心して相談できるようにするために大切な事は何か考え共通理解を図る。 ・最後まで丁寧に話を聞く。 ・必ず力になることを伝え、組織で対応する。

　研修実施後には、教員に振り返りシートによる自己評価と感想を出してもらいました。教員からは「実践的で生徒指導に自信がもてた」など

表10　振り返りシート項目と研修実施後の教員の感想

① SOSの出し方、受け止め方について理解できたか。
② SOSの出し方、受け止め方について他の人に説明ができたか。
③ 生徒への具体的な対応について不安が減ったか。
④ 生徒への対応に係る具体的な連携について確認できたか。
【研修実施後の教員の感想】
〇 生徒の危険な感情を察知した時、適切に指導する必要性を強く感じた。
〇 生徒の助けの求め方やストレスにどう対応していくのかが、とても重要になることが分かった。
〇 具体的な声かけの仕方や、生徒への対応の仕方が分かり、自信となった。
〇 生徒への接し方等を見直すことができ、良いきっかけとなった。

の感想が寄せられました。表10に振り返りシート項目と研修実施後の教員の感想を示します。

❸ 生徒への「SOSの出し方教育」の実施

　生徒指導部で、なぜ生徒を対象とした自殺予防教育が必要であるのかについての研修を行いました。その際、教員間で十分に話し合い、実施についての共通理解を図った上で、生徒対象の「SOSの出し方教育」を実施しました。生徒には「身近にいる信頼できる大人に相談しよう」を目的に学級活動の時間を活用しました。

【SOSの出し方教育の概要】
　　① 主　　題：「身近にいる信頼できる大人に相談しよう」
　　② 時　　間：学級活動の時間　50分
　　③ 方　　法：映像教材の視聴後、ワークシートを作成しグループで
　　　　　　　　　話し合い共有する。
　　④ 映像教材：「自分を大切にしよう」（SOSの出し方に関する教育
　　　　　　　　　を推進するための指導資料・DVD教材）東京都教育
　　　　　　　　　委員会
　映像教材では、生徒に次の5点について解説し、生徒に考える機会を設定した。

ア　生まれてから一人ひとりが個々に頑張って生きてきたこと
イ　頑張って生きてきたことは尊いことであること
ウ　生活をしていく中ではストレスを感じること
エ　ストレスの原因を理解し、ストレスを感じることは自然なこと
　　であること
オ　ストレスが大きく辛い状態の時は心のSOSの状態であること

⑤　具体的な流れ

	学習活動	留意点等
導入 (10分)	【題材について】 　「ストレスを知り対処する」ことについて説明する。	・「自殺」や「自殺予防」の言葉は使わない。 ・学習中に辛くなった場合の対処法を伝える。
展開① (20分)	【映像教材を通して】 ①　一人ひとりが大切な存在であることに気がつく。 ②　辛い気持ちになった時にどのような対処をしているかを伝え合う。	・ストレスについて理解できるようにする。
	発問1　自分が辛い気持ちになった時、それを軽くするために、どのようなことをしますか。 発問2　友達が辛そうにしている時、それを軽くしてあげるために、どのようなことをしますか。	
	①　発問についてワークシートに記入する。 ②　グループの中で、それぞれの対処方法を伝え合う。 ③　友達の対処方法をワークシートに記入し対処方法の幅を広げる。	・生徒をよく観察する。 ・副担任や養護教諭などを入れ複数で担当する。
展開② (10分)	【映像教材を通して】 　ストレスに対応するために「援助希求行動」の在り方を考える。 ①　辛いときに身近にいる信頼できる大人に話すと良いことを知る。 ②　人に話すことで自分を客観的にみられるようになり心の苦しさが軽くなることを知る。 ③　友達への声かけの方法や自分が辛い時に誰にどのように SOS を出すか考える。	・苦しい時や体の調子がおかしい時は一人で悩まないでほしいこと ・助けを求めることは恥ずかしいことでなく、自分を大切にする行動であること ・信頼できる大人は必ずいて話してほしいことなどについて伝える。 ・相談機関に相談する方法を理解できるようにする。
まとめ (10分)	教員の話を聞く。 学習の感想をワークシートに書く。	・相談機関の連絡先資料を配布する。

映像教材を視聴した後、生徒はストレスを解消するためにどのような手段があるかなど、グループワークを通して考え、共有し合う場面を設定しました。これらの活動を通して「自分を大切にすること」と「相手を大切にすること」などについて学ぶ機会としました。

　学習の実施後、生徒の感想をまとめ、学校全体で共有し、今後の生徒のケアに役立てるようにしました。また、今回の教員研修を契機に生徒指導への教員の意識が高まり、困難な事例にも組織として対応できるようになりました。現在では、様々な生徒指導上の対応事例を収集・蓄積して、教員研修に使うとともに有識者を講師に招へいし専門的な視点からより高度な研修会を実施するようになりました。これらの取組を継続的に実施することで、教員が自信をもって対応できるよう日々研鑽に励んでいます。

　また、生徒自らの適切な援助希求行動については、管理職が始業式や終業式での講話の際に話をするとともに、担任や副担任も学級指導の時などに適宜適切に話をして継続的な取組を行っています。

課題解決に導く基礎知識

1 SOS の出し方教育とは

　自殺者数は依然として毎年 2 万人を超える水準で推移し、男性が大きな割合を占める状況が続いています。これに加え、コロナ禍の影響で自殺の要因となる様々な問題が悪化したことなどにより、女性は 2 年連続の増加、小中高生は過去最多の水準となっています。

　こうしたことから、厚生労働省は、令和 4 年10月に「自殺総合対策大綱」を見直しました。その中で、子供や若者の自殺対策の更なる推進と強化を図っていくことが示されました。その一つに、「命の大切さや尊さ、SOS の出し方などの心の健康の保持に関する教育の推進」が今後 5 年間で取り組むべき施策として新たに位置付けられました。

　自殺に追い詰められた子供は多くの場合、教員などの大人ではなく、友人にその気持ちを打ち明けます。打ち明けられた子供も、どのように対応したらよいか分からず、最終的に無理心中などの悲劇的な結果となる場合があります。このため、自殺の危険とその対応について正しい知識を子供に教える自殺予防教育をすることが必要となります。

2 自殺予防教育実施の際の前提条件

　この自殺予防教育では、行うことでかえって自殺を誘発するなどの危険な事態が起きないように十分な準備をする必要があります。自殺に追い詰められた子供が適切な助けを得られるように配慮することが大切です。本事例では、教職員間での合意形成を行った事例となっています。

　このことについて、文部科学省の「子供に伝えたい自殺予防」では、教職員間の合意形成をはじめ、次の 3 点の前提条件を整えて自殺予防教育を実施することが重要であるとしています。

関係者間の合意形成

　自殺予防教育の実施に当たっては、学校の教職員間や保護者と十分に自殺予防教育についての共通認識を得て、合意形成をしておくことが大切です。このため、職員会議や保護者会などに精神保健の専門家を招へいし、自殺予防教育への理解を深める機会を設定することが求められます。また、学校は、地域の精神保健の専門家とも合意形成を図り、自殺の危険のある子供に気付いた場合などには専門家からの助言を得ることが大切です。

適切な教育内容の準備

　自殺の危機にある子供が、適切な援助を求められることが重要です。人間は一生の間に様々な問題に直面します。そのような時に適切な対応を採れるようになるために必要な内容を準備することが大切です。具体的には、子供一人ひとりが、「問題の早期認識」と「適切な援助希求」できる態度を身に付けることです。このことで、自殺を予防できるとともに一生にわたる心の健康の基礎を形成することになります。

フォローアップ体制の整備

　自殺予防教育の実施に当たっては、身近な人が自殺をした経験をもつ子供や心の病のために治療中の子供、自殺未遂の経験がある子供などへの配慮が必要となります。自殺予防教育を実施する際、これらの子供と他の子供たちとを一緒にして実施するのかについては事前に検討する必要があります。また、実施後、自殺の危険にある子供を発見することがあります。その際に学校は、学校内でどのように支えるのか、保護者に誰がどのように伝えるのか、精神保健などの専門家にどのようにつなげるかなどについても検討していくことが大切です。

3 　自殺予防教育実施の際の留意事項

　これらの前提条件の下で、自殺予防教育を実施していくことになります。本事例では、生徒指導部を中心に学級活動を利用した自殺予防教育を実施しています。ここでは、その際の留意事項についてまとめます。

校内実施体制の構築

　自殺予防教育を安全かつ効果的に実施するためには、教職員間での自殺予防教育の必要性や意味を共有し、学校全体で取り組む校内実施体制を構築する必要があります。管理職、各学年の担当教員、教育相談、生徒指導、人権教育等の担当教員、養護教諭、スクールカウンセラー、学校医等を構成メンバーとして、学校にある組織を活用していきます。

実施に向けての校内研修会の実施

　校内実施体制のメンバーで、自殺予防教育の必要性を確認してから、自殺予防教育の実施計画を策定していきます。

　まず、全教職員対象の校内研修を実施します。その際には、子供の自殺予防教育に関する研修を受けた教職員や、学校の実態と自殺予防教育の目的などの趣旨にあった外部講師を教育委員会や関係機関などから紹介してもらい実施するとよいでしょう。表11に実際の研修プログラムの内容について示しましたので参考にしましょう。

保護者を対象にした研修の実施

　子供対象の自殺予防教育の実施に際しては、保護者と合意形成を図ることも重要です。本事例では、この点についても記述がありませんが、とても重要な点ですので必ず次のような対応をしましょう。

　学校や PTA 主催の講演会等のテーマに取り上げて直接伝える機会をもち、当日に出席できなかった保護者には学校便り等を通して共通認識

表11　研修プログラムの内容

研修プログラム「子供対象の自殺予防教育の実施に向けて」
1　自殺の実態
　⑴　日本の自殺の実態
　　　自殺者数の推移、自殺率の国際比較、年齢別死因から見た自殺、年齢階級
　　別の自殺死亡率の推移
　⑵　子供の自殺の実態
　　　中高生の自殺者数の推移、未成年の自殺原因・動機
　⑶　我が国の自殺対策
　　　自殺対策基本法、自殺総合対策大綱、文部科学省の自殺対策
2　自殺予防の三段階
　⑴　予防活動：全ての人を対象にした自殺予防
　⑵　危機対応：現在危機状態にある人への対応
　⑶　事後対応：自殺が起きた後の対応
3　子供対象の自殺予防教育の必要性
　⑴　若年層の自殺の深刻な実態
　⑵　全ての子供を対象に自殺予防教育を行う意味
　　　①　生涯を通じたメンタルヘルスの基礎作りという視点
　　　②　友人の危機に適切に対処できる「ゲートキーパー」養成という視点
　　　③　自殺に関する誤った情報・不適切な情報から子供を守るという意味
4　子供対象の自殺予防教育の目標（「子供に伝えたい自殺予防」第3章参照）
　⑴　早期の問題認識（心の健康）
　⑵　「援助希求的態度」の育成
5　子供対象の自殺予防教育の進め方
　⑴　学校内での役割分担
　⑵　関係機関との連携
　⑶　スクリーニング，授業実施、フォローアップ
　　　（「子供に伝えたい自殺予防」第4章参照）
6　　資料
「教師が知っておきたい子どもの自殺予防」文部科学省 平成21（2009）年
「子どもの自殺が起きたときの緊急対応の手引き」文部科学省 平成22（2010）年
「子供に伝えたい自殺予防」文部科学省 平成26（2014）年

出典：「子供に伝えたい自殺予防」文部科学省、平成26（2014）年を筆者が改編

　を図ることが大切です。また、講師には、実施前後の保護者の不安等へ
の対応を含めて継続的に関わることができる養護教諭やスクールカウン
セラー、校内実施体制のメンバーなどが適切です。内容は、表11に示し
ました教職員の研修プログラムを活用し、保護者が不安になった場合に
はいつでも気軽に相談できることを説明します。

自殺予防教育プログラムの検討・実施

　学校は、学校全体、あるいは学年、学級の子供の実態に基づき、自殺予防教育のプログラムの指導案や教材を作成します。本事例では、自殺予防教育を推進するための指導資料と映像教材「自分を大切にしよう」（東京都教育委員会）を活用しています。これらの映像教材や資料は各都道府県教育委員会で作成していますので、参考にして実施しましょう。また、本事例でも記述されていますが、実施の際には、学級・ホームルーム担任が養護教諭やスクールカウンセラー等のサポートを受けながら、主体的に無理なく実施できるプログラムと教材にすることが大切です。さらに、実施前後の学級集団や個々の子供の状態について評価し、学級集団と子供一人ひとりへの配慮をするなど、事後のスクリーニングとフォローアップをしていくことも大切となります。

自殺予防教育プログラムの実施に向けた保護者の理解と協力

　家族や身近な人を自殺で亡くした子供や不安定で配慮が必要な子供などを傷つけるようなことがないように自殺予防教育プログラムは細心の注意を払って検討・実施する必要があります。特に、不安をもつ保護者とは十分時間をかけて話し合い、納得してもらうことが重要です。それでも理解を得られない場合には、それらの子供を他の子供たちと一緒に実施することは控えることが必要となります。

自殺予防教育プログラムの実施に向けた関係機関と連携

　学校は、小児科、精神科、心療内科等の医療機関、保健所、精神保健福祉センター、児童相談所等の行政機関と日頃から協力関係を構築しておくことが大切です。その上で、自殺予防教育プログラムの実施に当たっては、実施の必要性やその内容について示し、必要に応じて助言してもらうとよいでしょう。

　また、実施に当たっては、地域の関係機関に協力を依頼することも大

表12　子供を直接対象とした自殺予防教育実施に向けての関係者の合意形成のプロセス

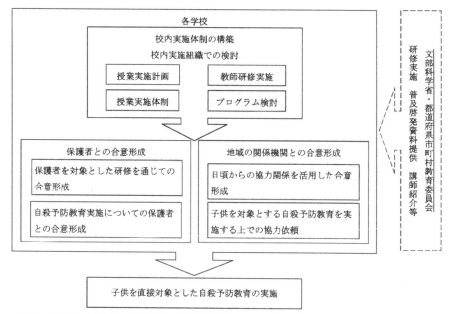

出典：「子供に伝えたい自殺予防」文部科学省、平成26（2014）年

切です。本事例でも、生徒の学習のまとめで関係機関の連絡先の資料を
配布しています。事前に自殺予防教育プログラムで使用する資料に地域
の関係機関の連絡先を掲載することについては、当該機関に連絡してお
くことが大切です。また、これらの関係機関からゲスト講師としての協
力、自殺の危険性のある子供のフォローアップに関することなども依頼
しておくことが大切です。そのためにも日頃から連携を取っている養護
教諭や教育相談担当教員、スクールカウンセラー等が窓口となって行う
とよいでしょう。

4　自殺予防教育プログラムのポイント

　本事例では、具体的な学習内容の流れが示されていますが、ここで自殺予防教育プログラムを実施する際のポイントを確認します。

自殺予防教育プログラムの目標と内容

　自殺予防教育の目標は、「早期の問題認識（心の健康）」「援助希求的態度の育成」です。

　そのプログラムの内容は、「自殺の深刻な実態を知る」「心の危機のサインを理解する」「心の危機に陥った自分自身への対処法や友人への関わり方を学ぶ」「地域の援助機関を知る」ことです。つまり長い人生において問題を抱えたり危機に陥ったりした時、問題を一人で背負い込まずに乗り越える力を培うことや、自分自身や友達の危機に気付き、対処したり関わったりし、信頼できる大人につなぐことの重要性を伝えることです。その自殺予防教育のキーワードは ACT の定着であると言われています。

Acknowledge（気付く）	よく聴いて、危険性を過小評価しない。
Care（かかわる）	心配していることを伝える。
Tell（つなぐ）	友達について心配していることを信頼できる大人に話す。

プログラムの特徴

①　価値の押しつけをしない

　「いのちは大切」といった価値観を一方的に押し付けるのではなく、五感を通じて「いのち」について考える機会にすることが重要です。「いのちは大切」であると言われると、自殺で亡くした人や自傷行為をしてしまう子供にとっては「いのちを大切にできない人間はダメな存

在」と考え、自らを責め、より一層自尊感情を低くしてしまいます。

　教職員と子供が一緒に自殺や死の問題について考えることを通して、生きづらさを抱えている子供に少しでも寄り添うことを目指していくことが大切です。さらに、そのことを通して生涯にわたるメンタルヘルスの基礎を作ることにもつながります。

②　グループワークを重視する

　「自殺のキーワードは孤立であり、自殺予防の第一歩は『絆』である」（高橋、2008）と言われています。子供たちがブレインストーミングやロールプレイなどの集団活動を伴う体験的学習を行うことで、各自の自由な発想を出し合い、自分とは異なる思いや考え方に触れることで、多様性を認め合い、仲間との絆を深めることが可能になります。その際には、本事例で活用している映像教材を用いたり、外部講師の招へいなど、多様な体験活動を準備することも大切です。

　友達同士だけでなく、専門家や学校外の様々な人々との直接的な触れ合いは、異質な人とのつながりを拓いてくれるでしょう。また、学習方法としては、教職員の一方的な知識伝達のスタイルではなく、教職員と子供、子供同士が自殺予防について学び合う協同学習を重視していくことが大切です。このことで、子供同士のつながりを強めたり、命の危機への気付きや対応に取り組む意欲を高めたり、子供自身の危機に際しての問題解決能力を高めたりすることが期待できます。

児童生徒を対象とした自殺予防教育プログラムの実際

　自殺予防教育プログラムを実施するに当たっては、次の点に留意する必要があります。

① 　死や自殺をテーマにする時には、事前に自殺の危険の高い児童生徒を見極めることが大切です。本事例においても「導入」の際に「学習中に辛くなった場合の対処法を伝える」とあるように、学習の最初には「学習中辛くなったり、気分が悪くなったりしたら、すぐに申し出

るように」などと伝えておきます。授業者以外の教職員も教室に入り、生徒の反応を確認しながら丁寧に学習を進行していきます。学習する中で涙ぐんだり、押し黙ったり、はしゃいだりなどの微妙な変化を見落とさないように注意し、教職員で適切に対応します。

② 学級での一斉学習の形による自殺予防教育プログラムへの参加が難しい子供が出てくる場合を想定し、その対応方法について、あらかじめ考えておくことが大切です。

実際に関係機関を訪れ、インタビューをすることなども考えられます。この取組は、子供にとって大きな学びとなります。行かない子供にとっても、仲間の声を通してその情報に触れることで、関係機関の存在が身近なものに感じられるようになります。また、教職員にとっても、訪問を依頼する交渉の過程で顔の見える関係ができ、問題を抱えた子供の対応において連携が容易になるなどの効果も期待できます。

本事例でも、「展開②」（119頁の表）の中で、相談できる人を考えさせる場面がありますが、信頼できる大人が思い浮かばない子供や、心配をかけまいとして身近な大人に相談できない子供もいます。このため、全国の小中学校の児童生徒に配布されている「子どもの人権 SOS ミニレター」や、ネット上に公開されている法務省の無料でかけられる「子どもの人権 110 番」（0120–007–110）、文部科学省の「24時間子供 SOS ダイヤル」（0120– 0 –78310）などの電話相談サービスがあることを伝えることも重要です。

このような取組は相談の大切さを伝えるとともに、社会が全ての子供を見守っているとのメッセージを送ることになり、「援助希求性」を高めることにつながります。

最も大切なことは、子供が教職員を信頼できる大人と思っているかどうかです。自殺の危険の高い子供は、信頼関係を築くことが苦手で、会話を避けたり、助けを求めたかと思えば拒否的になったりと矛盾した態度を示すことが少なくありません。人間関係における不信感が根底にあ

ることを踏まえて、子供が教職員に相談できるような信頼関係を日常から築いておくことが大切です。「この先生なら自分の絶望的な気持ちを受け止めてくれる」という思いがなければ、子供が心を開くことはありません。自殺の危険の高い子供も、死にたいと打ち明けられた子供も、大人につなぐことができるかどうかは、日々の教育活動における子供と教職員との信頼関係によるところが最も大きいと言えます。

　ところで、児童生徒に学習させる際には、実施する以前に子供の実態に合わせて、自殺予防教育につながる様々な準備を行うことも大切です。小・中・高校を通じて、いろいろな教材がありますので活用していきましょう。

参考文献

1　「令和４年版自殺対策白書」（令和４年10月、厚生労働省）
2　「令和４年中における自殺の状況」（令和５年３月、厚生労働省自殺対策推室・警察庁生活安全局生活安全企画課）
3　「教師が知っておきたい子どもの自殺予防」（平成21年３月、文部科学省）
4　「子供に伝えたい自殺予防」（平成26年７月、文部科学省）
5　「子どもの自殺が起きたときの緊急対応の手引き」（平成22年３月、文部科学省）
6　「いじめ総合対策【第２次・一部改定】」（令和３年２月、東京都教育委員会）
7　「自分を大切にしよう」（SOS の出しに関する教育を推進するための指導資料・映像教材（平成30年２月、東京都教育委員会）
8　「児童生徒の自殺予防に係る取組について」（令和３年６月23日付け３初児生第14号、文部科学省初等中等教育局児童生徒課長通知）
　https://www.mext.go.jp/a_menu/shotou/seitoshidou/1414737_00005.htm
9　「自殺総合対策大綱～誰も自殺に追い込まれることのない社会の実現を目指して～」（令和４年10月14日、厚生労働省）
　https://www.mhlw.go.jp/stf/taikou_r041014.html
10　『生徒指導提要』（令和４年12月、文部科学省）
　https://www.mext.go.jp/a_menu/shotou/seitoshidou/1404008.htm
11　「教師にできる自殺予防～子どもの SOS を見逃さない～」（高橋聡美著、教育開発研究所）

編集代表	**梅澤秀監**（東京女子体育大学）	
編著者	**出張吉訓**（東京女子体育大学）	

東京女子体育大学教授・学長補佐。1957年東京都生まれ。筑波大学農林学類卒業後、東京都立高等学校教員、東京都教育庁指導部長、教育監等を経て、現職。文京区いじめ問題対策協議会委員長、東京都高等学校特別活動研究会顧問、各都立高等学校学校運営連絡協議会委員を務める。著書『生徒指導・進路指導15講』（共編著、大学図書出版）

事例提供者	**藤井大輔**（東京都教育庁）	
	小寺康裕（東京都教育庁）	
	栗原　健（東京都教職員研修センター）	

こんなときどうする？生徒指導
いじめ・暴力行為・自殺

2024年2月4日　初版第1刷発行

編著者──出張吉訓
発行者──鈴木宣昭
発行所──学事出版株式会社

〒101-0051　東京都千代田区神田神保町1-2-5　和栗ハトヤビル3F
電話03-3518-9655
https://www.gakuji.co.jp

編集担当　株式会社大学図書出版
イラスト　海瀬祥子
装　　丁　株式会社弾デザイン事務所
印刷製本　精文堂印刷株式会社